Christiane Weißenberger

Das große Kochbuch für Magen und Darm

Christiane Weißenberger

Das große Kochbuch für Magen und Darm

- Die Verdauung entlasten – Beschwerden lindern
- Mit über 140 Rezepten gegen Bauchschmerzen & Co.

humboldt

Bibliografische Information der Deutschen Nationalbibliothek
Die Deutsche Nationalbibliothek verzeichnet diese Publikation in der Deutschen Nationalbibliografie; detaillierte bibliografische Daten sind im Internet über http://dnb.ddb.de/ abrufbar.

ISBN 978-3-86910-050-0 (Print)
ISBN 978-3-86910-051-7 (PDF)
ISBN 978-3-86910-306-8 (E-PUB)

Fotos:
Titelbild: Getty Images/Paluchowska, Magdalena
123rf.com: Dmytro Sukharevskyy: 39; Lilyana Vynogradova: 44; joingate: 59; Isabel Poulin: 64; Olga Miltsova: 65; Tobias Arhelger: 79; Evgenia Lysakov: 81; Olga Kriger: 101; lisa870: 184
Adobe.stock.com: annakukhmar: 11; harmoony: 12; Pavel Ivanov: 13; olhaafanasieva: 15; anaumenko: 17; Vitalina Rybakova: 19; Corinna Gissemann: 21, 95, 127, 153; naltik: 23; juefraphoto: 34; Sea Wave41: 35; 5second: 36; azurita: 37; Du an Zidar: 38; Yulia Furman: 40; Wissmann Design: 41; Keddy: 43; Torsten Schon: 45; gitusik: 47; Sea Wave: 51; natashamam35: 52; Artem Shadrin: 53; jat306: 54; ytochka89: 55; Diana Taliun: 58, 87, 91; Jiri Hera: 60; geografika: 61; ximich_natali: 62; Dariusz Sankowski: 63; tycoon101: 67; Doris Heinrichs: 69; ariana-rama: 71; picamaniac: 76; Mara Zemgaliete: 80; bmf-foto.de: 82; Simone Andress: 83; FomaA: 84; karandaev: 85; fahrwasser: 86, 161; colnihko: 88; juliasudnitskaya: 90; VICUSCHKA: 93; nickola_che: 99; Sea Wave: 105; iMarzi: 109; teleginatania: 110; Viktorija: 117; pavel siamionov: 129; Cogipix: 139; HLPhoto: 145; Ustinova: 151; anna_shepulova: 156; kab-vision: 157; Franco Deriu: 159; Inga Nielsen: 162; olhaafanasieva: 165; HLPhoto: 167; Daniel Vincek: 169; Noam: 171; JJAVA: 172; marysckin: 173; fotografiche.eu: 175; martina braun-rodmann: 177; nblxer: 178; FOOD-pictures: 185; Doris Heinrichs: 187; shyshka: 189; ktasimar: 192; Jérôme Rommé: 195
Luitgard Kellner: 9

Zu große, üppige Mahlzeiten belasten den Verdauungstrakt. Stattdessen gilt für die leichte Vollkost die Empfehlung, lieber mehrere (5 bis 6) kleine Mahlzeiten am Tag zu essen. Die Rezepte in diesem Buch sind deswegen von vornherein auf kleinere Portionen als üblich ausgelegt.

Eine Marke der Schlüterschen Verlagsgesellschaft mbH & Co. KG
Hans-Böckler-Allee 7, 30173 Hannover
www.schluetersche.de
www.humboldt.de

Lektorat: Ulrike Schöber, Dortmund
Gestaltung: Schlütersche Verlagsgesellschaft GmbH & Co. KG
Satz: Die Feder, Konzeption vor dem Druck GmbH, Wetzlar
Druck und Bindung: Neografia, Martin-Priekopa, Slowakei

Inhalt

Vorwort

Liebe Leserin, lieber Leser,

Millionen Menschen hierzulande haben Probleme mit ihrer Verdauung. Verstopfung, Durchfall, Sodbrennen oder Übelkeit sind häufige Symptome, die darauf hindeuten, dass in unserem Magen-Darm-System etwas schief läuft. Häufig verschwinden die Beschwerden von selbst. Problematisch wird es jedoch, wenn sie zum Dauerzustand werden: Schnell wird da zum Beispiel zu Abführmitteln gegriffen. Gerade diese haben zum Teil jedoch heftige Nebenwirkungen, können abhängig machen oder wirken nur eine begrenzte Zeit.

Dabei geht es auch anders und auf ganz natürliche Weise: Sie können durch eine ausgewogene Ernährung eine gesunde Verdauung nachhaltig fördern! Die leichte Vollkost – Sie kennen sie vielleicht unter dem Begriff Schonkost – ist eine spezielle Ernährungsform bei allen Erkrankungen rund um Magen und Darm und fördert einen gesunden Magen-Darm-Trakt. Der wiederum trägt wesentlich dazu bei, dass wir uns in unserem Körper wohlfühlen.

In diesem Buch zeige ich Ihnen mit leckeren Rezepten, wie Sie die leichte Vollkost in Ihren Ernährungsalltag integrieren und damit Ihren Verdauungstrakt anregen sowie Verstopfung, Darmträgheit und viele andere, häufige Magen-Darm-Krankheiten selbst lindern und vermeiden können. Ich wünsche Ihnen viel Freude beim Ausprobieren der Rezepte und viel Gesundheit und Wohlbefinden.

Christiane Weißenberger
Staatlich anerkannte Diätassistentin
Diabetesassistentin DDG
Staatlich geprüfte Hauswirtschafterin

Wie funktioniert die Verdauung?

Der Begriff Verdauung umfasst sämtliche Vorgänge im Körper, die die Nahrungsverwertung betreffen. Dazu zählt das Zerkleinern der Nahrung im Mund ebenso wie ihre weitere Aufspaltung im Magen und Darm in kleinste Nährstoffe, die vom Körper aufgenommen werden können.

Dieser Prozess ist für unseren Organismus eine anstrengende und energieraubende Aufgabe. Der Weg des Essens besteht dabei aus zahlreichen Stationen und die Nahrung passiert viele verschiedene Organe. Die Verdauung beginnt bereits im Mund: Mit den Zähnen zerkleinern wir die Speisen zunächst und vermischen sie mit unserem Speichel. Durch Verdauungsenzyme im Speichel wird Stärke aus kohlenhydrathaltigen Lebensmitteln schon in der Mundhöhle in kleinere Bausteine gespalten – es entsteht Traubenzucker. Probieren Sie es aus: Wenn Sie Brot lange kauen, schmeckt es süßlich. Der Spruch „Gut gekaut ist halb verdaut" stimmt also tatsächlich.

Peristaltik
Unter Peristaltik versteht man das ringförmig einschnürende Zusammenziehen der glatten Muskulatur von Speiseröhre und Magen, Dünn- und Dickdarm, das den Speisebrei wellenartig voranschiebt. Diese Muskelkontraktionen, die wir nicht willentlich steuern können, stellen sicher, dass wir beispielsweise auf dem Kopf stehend essen oder trinken können.

Durch das Schlucken gelangt der Speisebrei dann vom Mund über die Speiseröhre in den Magen. In der Speiseröhre befinden sich verschiedene Muskelschichten, die den Nahrungsbrei peristaltisch nach unten zum Magen befördern. Dort angekommen wird er – ebenfalls durch peristaltische Bewegungen – durchmischt und langsam weitertransportiert. Gleichzeitig werden ihm aus den Drüsen der Magenschleimhäute Salzsäure und weitere Verdauungsfermente zugeführt, welche die Eiweißverdauung einleiten.

Über den Magenpförtner gelangt der Nahrungsbrei dann portionsweise in den Dünndarm. Gleich in seinem ersten Abschnitt, dem Zwölffingerdarm, wird die Magensäure neutralisiert und der Speisebrei mit Galle und Sekret aus der Bauchspeicheldrüse versetzt. Mit ihrer Hilfe findet nun die Verdauung der Nahrungsbestandteile Kohlenhydrate, Eiweiß und Fett statt. Diese Nährstoffe werden in ihre kleinsten Bestandteile aufgespalten und dann über die Dünndarmwand in den Blutkreislauf transportiert. Fachleute bezeichnen diesen Vorgang als Resorption. Das mit Nährstoffen angereicherte Blut fließt durch die Pfortader zur Leber.

Unser Verdauungssystem

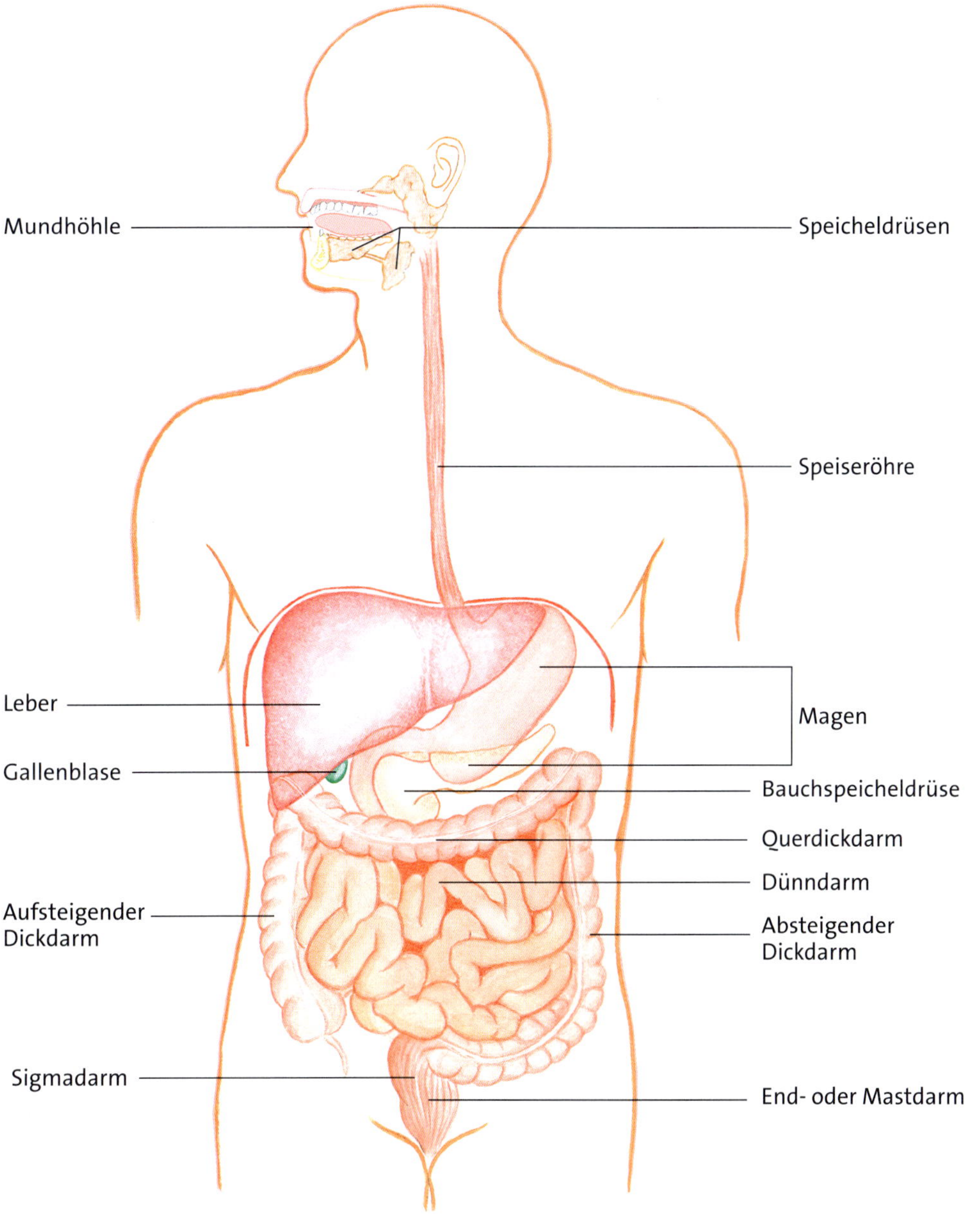

Die Leber ist das zentrale Organ des gesamten Stoffwechsels. Die zugeführten Nahrungsbestandteile werden in der Leber gespeichert (z. B. Fett, Glykogen, Vitamine), verwertet und auch zur Produktion notwendiger Körperbausteine (z. B. Gerinnungsfaktoren und Proteine, die als Gerüststoffe in Geweben oder Zellen dienen) herangezogen. Darüber hinaus erfolgen in der Leber der Abbau und die Ausscheidung von Stoffwechselendprodukten, Medikamenten und Giftstoffen.

Die unverdaulichen Nahrungsbestandteile gelangen in den Dickdarm. Dort werden dem Nahrungsbrei Wasser und Salze entzogen, sodass er eindickt. Darmbewegungen befördern den Speisebrei zum Mastdarm. Hier sammeln sich die unverdauten Reste der Nahrung als Kot an. Der Schließmuskel des Afters reguliert die Entleerung des Darms.

Was unsere Verdauung beeinflusst

Unsere Verdauung wird durch viele unterschiedliche Aspekte beeinflusst. Die wichtigsten sind:

1. der Ballaststoffanteil der Lebensmittel,
2. die Trinkmenge,
3. körperliche Aktivität und
4. Stress.

Ballaststoffe sind wichtig für die Darmbewegungen, die wir nicht willkürlich steuern können. Das bedeutet praktisch: Ein zu geringer Verzehr dieser Substanzen

Pro- und Präbiotika – wirklich wichtig?

Im menschlichen Darm finden sich Billionen von Mikroorganismen, größtenteils Bakterien, die in erster Linie den Dickdarm besiedeln. Diese sogenannte Darmflora ist in vielen Fällen dafür verantwortlich, ob wir uns gesund oder krank fühlen und kann beispielsweise durch die Einnahme von Antibiotika oder eine falsche Ernährung geschädigt werden.
Probiotika sind Mikroorganismen. Die bekanntesten probiotischen Lebensmittel sind fermentierte Milchprodukte. Es gibt zahlreiche positive Hinweise darauf, dass Probiotika die Darmflora stärken und damit Erkältungs- und Durchfallerkrankungen vorbeugen. Probiotika werden unterschiedlichen Lebensmitteln zugesetzt, z. B. Milchprodukten, Müsli und Wurstwaren. Auch in Sauerkraut und Brottrunk sind reichlich Probiotika enthalten.
Viele Präbiotika sind Kohlenhydrate, die im Dickdarm verdaut werden. Sie helfen gegen Verstopfungen, außerdem erhöhen sie den Wassergehalt im Darm und steigern dadurch seine Beweglichkeit. Zu den Präbiotika gehören Ballaststoffe, die ganz natürlich in Nahrungsmitteln vorkommen, zum Beispiel Inulin oder Oligofruktose. Diese gelangen unverdaut in tiefere Darmabschnitte und erhöhen dort die Anzahl der gesundheitsfördernden Bifidobakterien im Dickdarm. Über eine gesunde Ernährung mit vielen Ballaststoffen nehmen Sie in der Regel ausreichend Präbiotika zu sich.

führt zu Darmträgheit und Verstopfung – vom Experten Obstipation genannt. Ballaststoffe dienen als Nahrungsquelle für die Bakterien im Darm und beschleunigen die Darmpassage des Speisebreis. Durch ihre gute Quellfähigkeit regulieren Ballaststoffe die Festigkeit des Stuhlgangs. In den Industrieländern ist die tägliche Zufuhr an Ballaststoffen viel zu niedrig.

Eine zu geringe Trinkmenge fördert Verstopfung. Damit Ballaststoffe ihre positive Wirkung auf die Darmtätigkeit voll entfalten können, ist es wichtig, dass Sie ausreichend viel trinken, mindestens eineinhalb Liter pro Tag sollten es sein. Erst durch das Aufquellen der Ballaststoffe in der Flüssigkeit erhält der Stuhl die für den Weitertransport im Darm optimale Konsistenz.

Zu wenig körperliche Bewegung begünstigt Darmträgheit. Regelmäßige körperliche Aktivität beugt Verstopfung vor. Sie hilft dem Darm, in Schwung zu kommen oder zu bleiben. Der sprichwörtliche Verdauungsspaziergang nach dem Essen ist kein Mythos, sondern hilft. Sie sollten ihn bei Neigung zu Verstopfung einem Mittagsschlaf auf der Couch vorziehen.

Stress kann auf den Magen schlagen. Viele Redensarten bringen die Verarbeitung von Gefühlen, Stress und Sorgen mit unserem Verdauungssystem in Verbindung. Sie kennen sicherlich die Redensarten „alles in sich hineinfressen“, „etwas liegt schwer im Magen“, „lange auf etwas herumkauen“, „Diese Nachricht muss erst verdaut werden“, „Was ist dir denn über die Leber gelaufen?“. Dass sich seelische Nöte störend auf die Verdauungsarbeit auswirken können, ist längst wissenschaftlich bewiesen. Das Reizdarmsyndrom und der Reizmagen sind zwei Verdauungsstörungen, die in den Industrieländern gehäuft vorkommen. Diese Diagnosen werden meist gestellt, wenn keine organischen Störungen nachgewiesen werden können. Vielen Menschen schlägt Stress auf den Magen, Übelkeit, Sodbrennen, Durchfall oder Verstopfung sind die Folgen.

Wann ist unsere Verdauung „normal“?

Dreimal täglich bis dreimal pro Woche Stuhlgang gilt allgemein als normal. Erst wenn Sie seltener als zweimal pro Woche Stuhlgang haben, spricht der Mediziner von Verstopfung oder Darmträgheit. Häufig lässt sich die Problematik mit einfachen Mitteln, wie reichlich Vollkornprodukte und pflanzliche Lebensmittel essen, ausreichend trinken und sich regelmäßig bewegen, in den Griff bekommen.

Einen Arzt sollten Sie bei den folgenden Problemen aufsuchen:

- wenn eine Ernährungsumstellung nicht erfolgreich ist,
- wenn Sie seltener als dreimal pro Woche Stuhlgang haben,
- wenn Verstopfung und Durchfall im Wechsel auftreten,
- bei Darmkrämpfen, starken Schmerzen, Fieber, Erbrechen oder Blut im Stuhl,
- bei Appetitlosigkeit oder ungeklärtem Gewichtsverlust.

Besser keine Abführmittel

Bei der Behandlung der Verstopfung werden leider häufig viel zu früh Abführmittel verordnet. Unterstützt wird dieses Vorgehen durch die landläufige, aber falsche Meinung, dass tägliche Stuhlentleerungen normal seien. Abführmittel (Laxanzien) regen die Darmbewegungen an, halten Wasser und Elektrolyte im Darm zurück, schmieren den Darminhalt und regen den Darmentleerungsreflex an.

Zur Darmentleerung vor diagnostischen Untersuchungen, vor Operationen oder bei Hämorrhoiden kann zur Erweichung des Stuhls die Einnahme eines Abführmittels hilfreich sein. Zur Behandlung von Verstopfung sollten Abführmittel aber nicht die erste Wahl sein, weil sich der Darm an die Unterstützung gewöhnt und immer träger wird – so entsteht ein Teufelskreis. Sie sollten Abführmittel zur Besserung der Darmträgheit auch deshalb nie ohne ärztliche Betreuung nehmen, weil die Gefahr sehr hoch ist, dass Sie davon abhängig werden. Die unkontrollierte Einnahme von Abführmitteln kann zunächst ungewollte Mineralstoffverluste – vor allem Kaliummangel – zur Folge haben, langfristig aber auch zu lebensbedrohlichen Herzrhythmusstörungen führen.

Die leichte Vollkost – geeignete Ernährung bei Magen-Darm-Beschwerden

Völlegefühl, Sodbrennen, Blähungen, Durchfall und Übelkeit zählen zu den typischen Magen-Darm-Beschwerden. Sie können die unterschiedlichsten Gründe haben. Bei Lebensmittelunverträglichkeiten verursachen nur bestimmte Speisen oder Getränke diese Beschwerden. Häufig leiden Menschen unter Reizmagen oder Reizdarm sowie Sodbrennen und Magenschleimhautentzündung. Aber auch Sorgen, Ängste und Stress können auf den Magen schlagen, viele Menschen reagieren beispielsweise mit Bauchschmerzen oder Durchfall, wenn eine Prüfung bevorsteht. In all diesen Fällen hilft die leichte Vollkost.

Früher wurden bei Erkrankungen der Verdauungsorgane strenge Diäten verordnet, bei denen man viele liebgewonnene Nahrungsmittel, Getränke oder Gerichte vom Speiseplan streichen musste. Die Folge war häufig eine einseitige Ernährung bis hin zur Mangelernährung. Außerdem waren die empfohlenen Gerichte meist weder abwechslungsreich noch besonders lecker.

Die leichte Vollkost ist geprägt von dem Leitspruch: Erlaubt ist, was bekommt! Bei der leichten Vollkost werden Lebensmittel gemieden, auf die viele Menschen mit Blähungen, Völlegefühl und Aufstoßen reagieren. Dazu gehören rohe Zwiebeln, Kohlgemüse, Bohnen, frisches Hefegebäck und rohes Steinobst. Das Essen sollte nur leicht gewürzt sein, statt gebratener oder gerösteter Speisen werden gedünstete oder in Folie gegarte Speisen bevorzugt. Die Kost sollte nicht zu fett- oder zuckerreich sein und weder zu heiß noch zu kalt verzehrt werden. Alkoholische oder kohlensäurehaltige Getränke sowie Kaffee sind ebenfalls nicht ideal.

Durch das Weglassen schwer bekömmlicher Speisen und Lebensmittel werden die Verdauungsorgane sowie Leber und Galle entlastet. Trotzdem ist eine optimale Versorgung mit allen nötigen Nähr- und Vitalstoffen gewährleistet und der tägliche Bedarf an Kilokalorien wird gedeckt.

Die leichte Vollkost ist ernährungswissenschaftlich sehr gut erforscht und dadurch absolut praxistauglich. Auch gesunde Menschen können sie uneingeschränkt verzehren – damit ist sie auch familientauglich.

Die leichte Vollkost dient als Basisernährung, die sich nach den Empfehlungen der Deutschen Gesellschaft für Ernährung (DGE, Bonn) richtet.

Vollwertig essen und trinken nach den 10 Regeln der DGE

1. Die Lebensmittelvielfalt genießen
Vollwertiges Essen und Trinken beinhaltet eine abwechslungsreiche Auswahl, angemessene Menge und Kombination nährstoffreicher und energiearmer Lebensmittel. Wählen Sie überwiegend pflanzliche Lebensmittel. Diese haben eine gesundheitsfördernde Wirkung und unterstützen eine nachhaltige Ernährungsweise.

2. Reichlich Getreideprodukte sowie Kartoffeln wählen
Brot, Getreideflocken, Nudeln, Reis, am besten aus Vollkorn, sowie Kartoffeln enthalten reichlich Vitamine, Mineralstoffe sowie Ballaststoffe. Verzehren Sie diese Lebensmittel mit möglichst fettarmen Zutaten. Mindestens 25 Gramm Ballaststoffe, je nach Verträglichkeit vorwiegend aus Vollkornprodukten, sollten es täglich sein. Eine hohe Zufuhr senkt die Risiken für verschiedene ernährungsbedingte Krankheiten.

3. Gemüse und Obst – Nimm „5 am Tag"
Genießen Sie fünf Portionen Gemüse und Obst am Tag, möglichst frisch, nur kurz gegart oder gelegentlich auch als Saft oder Smoothie – zu jeder Hauptmahlzeit oder als Zwischenmahlzeit: Damit werden Sie reichlich mit Vitaminen, Mineralstoffen sowie Ballaststoffen versorgt und verringern das Risiko für ernährungsbedingte Krankheiten. Bevorzugen Sie nach Möglichkeit saisonale Produkte.

4. Milch und Milchprodukte täglich, Fisch ein- bis zweimal in der Woche, Fleisch, Wurstwaren sowie Eier in Maßen
Diese Lebensmittel enthalten wertvolle Nährstoffe, wie Kalzium in Milch, Jod, Selen und Omega-3-Fettsäuren in Seefisch. Entscheiden Sie sich bei Fisch für Produkte mit anerkannt nachhaltiger Herkunft. Im Rahmen einer vollwertigen Ernährung sollten Sie nicht mehr als 300 bis 600 g Fleisch und Wurst pro Woche essen. Fleisch ist Lieferant von Mineralstoffen und Vitaminen (B1, B6 und B12). Weißes Fleisch (Geflügel) ist unter gesundheitlichen Gesichtspunkten günstiger zu bewerten als rotes Fleisch (Rind, Schwein). Bevorzugen Sie fettarme Produkte, vor allem bei Fleischerzeugnissen und Milchprodukten.

5. Wenig Fett und fettreiche Lebensmittel
Fett liefert lebensnotwendige Fettsäuren und fetthaltige Lebensmittel enthalten auch fettlösliche Vitamine. Da Fett jedoch besonders energiereich ist, fördert es im Übermaß genossen die Entstehung von Übergewicht. Zu viele gesättigte Fettsäuren erhöhen das Risiko für Fettstoffwechselstörungen, mit der möglichen Folge von Herz-Kreislauf-Krankheiten. Bevorzugen Sie pflanzliche Öle und Fette (z. B. Raps-, Oliven- und Sojaöl). Achten Sie auf unsichtbares Fett, das in Fleischerzeugnissen, Milchprodukten, Gebäck und Süßwaren sowie in Fast-Food und Fertigprodukten meist enthalten ist. Insgesamt 60 bis 80 Gramm Fett pro Tag reichen aus.

6. Zucker und Salz in Maßen
Verzehren Sie Zucker und Lebensmittel oder Getränke, die mit verschiedenen Zuckerarten (z. B. Glukosesirup) hergestellt wurden, nur gelegentlich. Würzen Sie kreativ mit Kräutern und Gewürzen und wenig Salz.

7. Reichlich Flüssigkeit
Wasser ist lebensnotwendig. Trinken Sie rund 1,5 Liter Flüssigkeit jeden Tag. Bevorzugen Sie Wasser ohne Kohlensäure (mit Kohlensäure verursacht es häufig Unverträglichkeiten) und energiearme Getränke. Trinken Sie zuckergesüßte Getränke nur selten. Sie sind energiereich und können die Entstehung von Übergewicht fördern. Alkoholische Getränke sollten wegen der damit verbundenen gesundheitlichen Risiken nur gelegentlich und nur in kleinen Mengen konsumiert werden. Außerdem enthält auch Alkohol besonders viele Kalorien.

8. Schonend zubereiten
Garen Sie die Lebensmittel bei möglichst niedrigen Temperaturen und, soweit es geht, kurz, mit wenig Wasser und wenig Fett – das erhält den natürlichen Geschmack, schont die Nährstoffe und verhindert die Bildung schädlicher Verbindungen. Verwenden Sie möglichst frische Zutaten, denn der Gehalt an Vitalstoffen nimmt mit zunehmender Lagerzeit ab.

9. Sich Zeit nehmen und genießen
Gönnen Sie sich eine Pause für Ihre Mahlzeiten und essen Sie nicht nebenbei. Lassen Sie sich Zeit: Das fördert Ihr Sättigungsempfinden.

10. Auf das Gewicht achten und in Bewegung bleiben
Vollwertige Ernährung, viel körperliche Bewegung und Sport (30 bis 60 Minuten pro Tag) gehören zusammen und helfen Ihnen dabei, Ihr Gewicht zu regulieren. Gehen Sie zum Beispiel öfter einmal zu Fuß oder fahren Sie mit dem Fahrrad. Das schont auch die Umwelt und fördert Ihre Gesundheit.

Quelle: DGE (Deutsche Gesellschaft für Ernährung) e. V., Bonn 2016

Ausprobieren erwünscht!

Die individuelle Bekömmlichkeit kann äußerst unterschiedlich sein. Was dem einen bekommt, verträgt ein anderer absolut nicht. Daher gilt der generelle Tipp: Nutzen Sie die Vielfalt der Lebensmittel und stellen Sie Ihren Speiseplan nach Ihrer persönlichen Verträglichkeit zusammen. Ein genereller Verzicht auf Lebensmittel, die Ihnen wichtig sind, ist nicht unbedingt erforderlich. Sie können den Verzehr dieser Lebensmittel jedoch gezielt verringern oder durch besser verträgliche Lebensmittel teilweise ersetzen. Oft hilft schon eine andere Art der Zubereitung.

Verbote gibt es keine! Jeder wählt, was ihm am besten bekommt. Speisen und Getränke, die von vielen Menschen schlecht vertragen werden, wie beispielsweise blähende Gemüse und eiskalte Getränke, stehen bei der leichten Vollkost nicht auf dem Speiseplan. Falls Sie diese Speisen jedoch vertragen, spricht natürlich nichts dagegen, wenn Sie weiterhin davon essen oder trinken.

Besser mehrere kleine Mahlzeiten

Zu große, üppige Mahlzeiten belasten den Verdauungstrakt. Stattdessen gilt für die leichte Vollkost die Empfehlung, lieber mehrere (fünf bis sechs), kleine Mahlzeiten am Tag zu essen. Die Rezepte in diesem Buch sind deswegen von vornherein auf kleinere Portionen als üblich ausgelegt. Versuchen Sie, möglichst regelmäßig zu essen, denn auch unregelmäßiges Essen kann Beschwerden auslösen. Um Verdauungsprobleme in der Nacht zu vermeiden, sollten Sie ungefähr zwei Stunden vor dem Zubettgehen nichts mehr essen.

Achten Sie darauf, langsam zu essen und gut zu kauen. Nehmen Sie sich so viel Zeit, dass Sie Ihr Essen wirklich genießen können: für eine Mahlzeit mindestens 20 Minuten, für einen Snack wenigstens zehn Minuten. Getränke sollten Sie möglichst schluckweise trinken. Das verbessert die Verdauungsarbeit grundlegend.

Folgende Tipps können Ihnen helfen:

- Essen Sie langsam. Ein gutes Gespräch beim Essen kann Sie dabei unterstützen, das Essen langsam zu genießen.
- Kauen Sie gründlich.
- Verteilen Sie die Mahlzeiten über den Tag. Fünf Mahlzeiten sind besser als drei.
- Bereiten Sie Ihre Mahlzeiten schonend zu, z. B. dünsten, garen, nur leicht anbraten.
- Essen Sie nicht zu heiß und nicht zu kalt.
- Essen Sie nicht zu scharf und nicht zu stark gewürzt.
- Meiden Sie Röststoffe, z. B. in Kaffee oder durch intensives Anbraten.
- Verzichten Sie auf kohlensäurehaltige Getränke.
- Sorgen Sie für ausreichend Schlaf und für Entspannung.
- Treiben Sie Sport und bewegen Sie sich regelmäßig. Bewegung baut Stress ab und wirkt sich positiv auf den Darm aus.

Nährstoffzusammensetzung der leichten Vollkost

Wie Sie schon gelesen haben, unterscheidet sich die leichte Vollkost in der Zusammensetzung hinsichtlich der Nährstoffmengen nicht von der normalen Vollkost. Die Deutsche Gesellschaft für Ernährung empfiehlt für die Energiezufuhr folgende

Richtwerte: 55 bis 60 Prozent Kohlenhydrate, 10 bis 15 Prozent Eiweiß und 30 Prozent Fett. Ebenso ist auch die Menge der täglichen Energiezufuhr mit der Vollkost vergleichbar. Um nicht zuzunehmen, sollten Sie jedoch darauf achten, dass die zugeführten Kalorien mit dem täglichen Verbrauch „harmonieren" – zu wenig körperliche Aktivität bei einer hohen Kalorienzufuhr führen immer zu Übergewicht, egal wie Sie sich ernähren.

Bei der leichten Vollkost kommen nur gut verträgliche Nahrungsmittel zum Einsatz. Auf Lebensmittel, die oft Beschwerden auslösen, wird verzichtet. Aus diesem Grund sind bei den einzelnen Nährstoffen einige Besonderheiten zu beachten.

Kohlenhydrate

Kohlenhydrate gehören neben Eiweiß und Fett zu den wichtigsten Nährstoffen unserer täglichen Nahrung. Ihre wichtigste Aufgabe ist die Bereitstellung von Energie für den Stoffwechsel. Manche Zellen können sogar nur aus Glukose Energie gewinnen, so zum Beispiel die Nervenzellen, die Blutzellen, die Nierenzellen und das Gehirn.

Kohlenhydrate sind in Getreide, Brot, Kartoffeln, Obst, Gemüse, Hülsenfrüchten und Salaten, allerdings auch in Süßigkeiten, Säften, Limonaden, Honig, Kuchen, Keksen oder Schokolade enthalten. 1 Gramm Kohlenhydrate liefert 4 Kilokalorien. Kohlenhydrate werden entsprechend ihrer Zusammensetzung und der

Geschwindigkeit, in der unser Körper sie verarbeiten kann, in einfache – Einfachzucker, Doppelzucker – und komplexe Kohlenhydrate, die Vielfachzucker, unterteilt. Zu den Einfachzuckern gehören Traubenzucker (Glukose), Fruchtzucker (Fruktose) und Schleimzucker (Galaktose). Zu den Doppelzuckern zählen zum Beispiel Haushaltszucker (Saccharose) und Milchzucker (Laktose), zu den Vielfachzuckern gehört Stärke.

In der leichten Vollkost sollte der größte Anteil der täglich gegessenen kohlenhydrathaltigen Lebensmittel aus der Gruppe der komplexen Kohlenhydrate stammen. Das bedeutet, dass Sie bei Kartoffeln, Getreideprodukten, Gemüse, Salaten und – je nach Verträglichkeit – auch bei frischem Obst und Hülsenfrüchten reichlich zugreifen sollten. Diese Nahrungsmittel liefern reichlich „gesunde" Kohlenhydrate, Vitamine, Mineralstoffe und darmgesunde Ballaststoffe.

- **Getreideprodukte:** Vollkornbrot, Vollkornreis und Vollkornnudeln sind besser als Weißmehlprodukte. Beachten Sie Ihre individuelle Verträglichkeit und probieren Sie vorsichtig einzelne Vollkornprodukte aus.
- **Gemüse, Salat, Kartoffeln und Obst:** Diese Nahrungsmittel sind äußerst gesund. Frisches Obst oder Rohkost ist nicht immer gut verträglich. Testen Sie daher, in welcher Menge Sie Rohkost oder frisches Obst vertragen.
- **Zucker:** Ob Haushaltszucker, brauner Zucker oder Honig – zu viel davon macht dick und fördert die Entstehung von Karies.

Ballaststoffe fördern die Verdauung

Ballaststoffe werden zur Gruppe der Kohlenhydrate gezählt. Als Zellulose, Pektine und Lignin kommen sie nur in pflanzlichen Lebensmitteln vor. Früher dachte man, sie seien unnötiger Ballast, weil sie unverdaut wieder ausgeschieden werden. Heutzutage weiß man, dass sie viele wichtige Funktionen im menschlichen Verdauungsapparat übernehmen: Ballaststoffe quellen im Dickdarm auf und sorgen so für ein größeres Volumen des Stuhls. Das stimuliert die Darmbewegungen und der Stuhl wird schneller ausgeschieden. Dadurch beugen sie Verstopfung, Darmerkrankungen und sogar Krebs vor. Außerdem regen sie zum gründlichen Kauen an und verhindern, dass das Essen zu hastig hinuntergeschlungen wird.

Gute Ballaststofflieferanten sind Kleie, Leinsamen, Vollkornmehl, -teigwaren und andere Vollkornprodukte, Müsli, Gemüse und Kartoffeln sowie Obst. Achten Sie auf eine ausreichende Trinkmenge, weil Ballaststoffe reichlich Flüssigkeit benötigen, um gut quellen zu können. Falls bisher eher wenig ballaststoffreiche Lebensmittel auf Ihrem Speiseplan stehen und Sie dies nun ändern möchten, sorgen Sie für 1,5 bis 2 Liter Flüssigkeit pro Tag. Geeignete Getränke sind Mineralwasser (möglichst ohne Kohlensäure), Kräuter- oder Früchtetees, dünne Saftschorlen, 3 bis 4 Tassen Kaffee oder schwarzer Tee.

Getränke mit Zusatznutzen
Buttermilch, Kefir oder Sauermolke enthalten Laktose, die als Nahrung für die Milchsäurebakterien im Darm dient. Jeden Tag ein Glas dieser Sauermilchprodukte kurbelt die Verdauung an.

Die Ballaststoffzufuhr sollte bei der leichten Vollkost etwas niedriger liegen als bei der normalen Ernährung. Aber mindestens 25 Gramm Ballaststoffe sollten Sie täglich zu sich nehmen, um eine geregelte Verdauung zu gewährleisten und dennoch keine Unverträglichkeiten zu riskieren. Die Verträglichkeit vieler ballaststoffreicher Lebensmittel ist individuell sehr verschieden. Daher ist es für Sie wichtig, vorsichtig auszuprobieren, welche Sie vertragen.

So könnte ein Tag mit einer optimalen Ballaststoffverteilung aussehen:

- 1 Scheibe Brot aus fein gemahlenem Vollkornmehl und 1 Scheibe Mischbrot oder 1 Portion Müsli, ungezuckert (ca. 2 EL Müslimischung), 100 g Naturjoghurt, geriebener Apfel
- 3 mittelgroße Kartoffeln
- 1 Portion gekochtes Gemüse (200 g) und eine kleine Schüssel gekochter Salat (ca. 150 g)

Tipps zur Bekömmlichkeit
Rohkost, frisches Obst oder grob geschrotete Getreidekörner werden häufig schlecht vertragen. Gekochtes, geschältes oder zerkleinertes Gemüse und Obst ist oft bekömmlicher. Ballaststoffarme Lebensmittel werden von empfindlichen Menschen besser vertragen als ballaststoffreiche, weil der Verdauungsapparat dabei nicht so viel arbeiten muss. Beobachten Sie bei ballaststoffreichen Speisen Völlegefühl und Blähungen, stellen Sie Ihren Speiseplan auf leichter verträgliche Lebensmittel um. Tasten Sie sich langsam an Ihre persönliche Toleranzschwelle heran.

Eiweiß

Das Wort Protein kommt aus dem Griechischen und bedeutet so viel wie „das Erste, das Wichtigste“. Das spiegelt den Stellenwert dieses Nährstoffs sehr gut wider, denn ohne Eiweiß funktioniert kein Leben. 1 Gramm Eiweiß liefert 4 Kilokalorien. Unser Körper benötigt Eiweiß als Baustein für neue Zellen und zur Produktion vieler körpereigener Hormone und Enzyme. Wenn Eiweiß fehlt, nehmen die Abwehrkräfte sowie die körperliche und geistige Leistungsfähigkeit rapide ab.

Eiweiß aus tierischen Lebensmitteln ist für unseren Körper leichter verdaulich als pflanzliches Eiweiß. Bei vielen tierischen Lebensmitteln liegt jedoch häufig auch der Fettgehalt höher und kann somit bei Magen-Darm-Patienten zu Verdauungsproblemen führen. Durch geschicktes kombinieren unterschiedlicher Nahrungseiweiße kann die Verwertung pflanzlicher Eiweißträger gesteigert werden. Ernährungswissenschaftler sprechen in diesem Fall von biologischer Wertigkeit.

Geschickte Eiweiß-Kombinationen

- Kartoffeln + Ei
- Ei + Milch
- Milch + Kartoffeln
- Ei + Weizen
- Ei + Soja
- Ei + Mais

Nicht alle eiweißhaltigen Lebensmittel sind gut bekömmlich. Häufig führen Hülsenfrüchte – auch Soja! – sowie fettreiche oder in reichlich Fett zubereitete tierische Lebensmittel zu Unverträglichkeiten. Bevorzugen Sie in diesem Fall die folgenden Lebensmittel:

- mageres Fleisch, z. B. Schweinefilet, Hähnchenbrust, Rinderhack, Pute
- magerer Fisch, z. B. Scholle, Seelachsfilet, Kabeljau
- magerer Käse, z. B. Harzer Roller, körniger Frischkäse, Käseaufschnitt bis 40 % Fett i. Tr.
- magere Wurstsorten, z. B. Bierschinken, gekochter Schinken, Aspik, Geflügelaufschnitt
- fettreduzierte Milchprodukte wie Magerquark
- Eier, fettarm zubereitet, z. B. gekochtes oder pochiertes Ei

Fett

Fette erfüllen viele wichtige Funktionen im menschlichen Organismus. Ihre wichtigste Aufgabe ist es, den Körper mit Energie zu versorgen. Darüber hinaus dient Fett als Träger der Vitamine A, D, E und K, Baustoff der Zellmembranen und isolierende Schicht vor äußeren Einflüssen.

Fette werden unterschieden in gesättigte Fettsäuren, Transfettsäuren sowie einfach und mehrfach ungesättigte Fettsäuren. Gesättigte Fettsäuren finden sich reichlich in tierischen, fetten Lebensmitteln. Beispielsweise in fettem Käse, fetter Wurst, fettem Fleisch oder fetter Milch und Milchprodukten. Transfettsäuren entstehen bei der Fetthärtung oder stark erhitzten Fetten. Sie können Transfettsäuren reduzieren, wenn Sie auf Lebensmittel verzichten, die den Packungsaufdruck „enthält gehärtete Fette“ tragen.

Der Körper benötigt alle Fettarten in unterschiedlichen Mengen. Allerdings liefert 1 Gramm Fett mehr als doppelt so viel Energie wie die Nährstoffe Eiweiß oder Kohlenhydrate (9 Kilokalorien = 1 Gramm Fett).

Unsere täglichen Speisen sollten nicht mehr als 70 bis 80 Gramm Fett enthalten. Diese Gesamtmenge ist je nach Essgewohnheiten häufig schnell erreicht. Bei vielen Menschen liegt die tägliche Zufuhr bei 140 Gramm Fett pro Tag. Ungefähr 70 Gramm Fett am Tag erreichen Sie, wenn Sie Folgendes essen:

- 2 Esslöffel Pflanzenöl +
- 1 Esslöffel Streichfett (Butter oder Margarine) +
- 150 g mageres Fleisch oder 200 g Fisch +
- 1 Scheibe magerer Käse +
- 1 Scheibe magerer Schinken/Wurst +
- 1 Becher Naturjoghurt, 1,5 % Fett (150 g) +
- 1 große Tasse Milch, 1,5 % Fett (250 ml) +
- 1 Ei, gekocht oder pochiert (60 g)

Menschen, die bei fettreichem Essen Unverträglichkeiten entwickeln, streichen die Fette oft rigoros aus ihrem täglichen Speiseplan. Das sollten Sie jedoch keinesfalls tun, weil Fette für unseren Organismus lebensnotwendig sind. Achten Sie stattdessen auf Qualität und Quantität der Fette. Eine mögliche Alternative können für Menschen mit Magen-Darm-Krankheiten, mit Bauchspeicheldrüsen-, Leber- oder Gallenblasenerkrankungen MCT-Fette sein. Dies sind Fette mit mittelkettigen Triglyzeriden (MCT = medium chain triglycerides), die empfohlen werden, wenn „normales" Fett nicht verdaut werden kann. Diese MCT-Fette werden im Darm leichter aufgespalten und gelangen auf direktem Weg in die Leber, wo sie zügiger abgebaut werden können. Sie kommen in der Natur nur in Kokosöl und Palmkernöl vor.

Der Lebensmittelfahrplan

Bei der leichten Vollkost ist grundsätzlich alles erlaubt, was Sie vertragen. Alles Unbekömmliche lassen Sie weg. Auf die folgenden beiden Lebensmittelgruppen sollten Sie bei der Zusammenstellung Ihres Speiseplans jedoch besonders achten, denn sehr viele Menschen mit Magen-Darm-Problemen vertragen die eine Gruppe extrem schlecht und die andere ausgesprochen gut.

Meist schlecht verträglich:

- Röststoffe und Fett in großen Mengen: stark oder mit Speck angebratene, geröstete, gegrillte oder frittierte Lebensmittel, Speisen und Backwaren
- fette und geräucherte Fleisch-, Wurst- und Fischwaren
- hart gekochte Eier und fette Eierspeisen (beispielsweise Rührei mit Sahne) und Mayonnaisen
- vollfette Milchprodukte: Käse mit mehr als 40 % Fett i. Tr., Sahne, Vollmilch, Landmilch, Crème fraîche, Crème double, saure Sahne
- fette Brühen, Cremesuppen, fette Saucen (Sahnesaucen und Co.)
- große Mengen Streich- oder Kochfett – dazu gehört auch Butter
- frisches Brot und frische Backwaren, sehr fette Backwaren (Croissants), grobes Vollkornbrot
- fette oder frittierte Kartoffelzubereitungen
- schwer verdauliche oder blähende Gemüse wie Grün-, Rot-, Weißkohl, Rosenkohl, Wirsing, Sauerkraut, Lauch, Zwiebeln, Knoblauch, Pilze (Champignons werden oft gut vertragen), Paprika, Gurken, Rettich, Hülsenfrüchte (Linsen, Erbsen, Kichererbsen oder Bohnen – nicht aber frische grüne Bohnen) und fettreiche Zubereitungen mit diesen und anderen Gemüsesorten
- unreifes Obst, Steinobst, Nüsse, Mandeln, Pistazien, Avocados
- fette Süßigkeiten
- größere Mengen an scharfen Gewürzen (Chili, Cayennepfeffer, Curry, Paprikapulver), Zwiebel- oder Knoblauchpulver. (Schwarzen Pfeffer dagegen vertragen viele Menschen, die unter einer Nahrungsmittelunverträglichkeit leiden, relativ gut.)
- Alkohol in jeder Form und Menge, kohlensäurehaltige Getränke

Meist gut verträglich:

- Mischbrot, Weißbrot, Vollkornbrot aus fein gemahlenem Vollkornmehl, Knäckebrot, alle Brotsorten ohne Nüsse oder grobe Körner, Reiswaffeln
- wenig Butter und Margarine, bei Unverträglichkeit gegenüber normaler Butter oder Margarine bieten sich Halbfettbutter oder -margarine, MCT-Margarine oder -Öl an (siehe Seite 21)
- Putenwurst, fettarmer Käse, fettarme Wurst, Marmelade, Honig, fettarmer Brotaufstrich
- säurearme Obstsorten wie süße Äpfel, Bananen, Birnen, Feigen, Mangos, Papaya, Weintrauben, reife Beeren, Obstsaft, Kompott
- Auberginen, Brokkoli, Chicorée, Fenchel, Karotten, Kürbis, Mangold, Spinat, Pastinaken, Rote Bete, Schwarzwurzeln, Sellerie, Spargel, Tomaten, Zucchini, Blattsalat, Gemüsesäfte
- fettarme Fleisch- und Fischsorten bei schonender Zubereitung
- Kartoffeln, Salzkartoffeln, Pellkartoffeln, Reis, Vollkornreis, Nudeln, Vollkornnudeln, Couscous, Bulgur, Grünkern, Hirse, Polenta, Amaranth, Quinoa
- Getreideflocken (eingeweicht), Cornflakes, wenig Nüsse und Körner
- Joghurt, Kefir, Dickmilch, Buttermilch
- Früchte- oder Kräutertee, stilles Mineralwasser

Mit der richtigen Ernährung gegen Magen-Darm-Beschwerden

Magenbeschwerden

Magenprobleme können sich in unterschiedlichster Weise äußern. Typisch sind Magenkrämpfe, Druck oder Völlegefühl im Bauch, Bauchschmerzen oder Sodbrennen. Sie können durch verschiedene Ursachen ausgelöst werden.

Mögliche Ursachen

Medikamente: Oft kann es nach der Einnahme von Medikamenten wie Antibiotika zu Magenkrämpfen kommen. Antibiotische Medikamente zerstören Bakterien, leider nicht nur die bösen, sondern auch die guten, die bei der Verdauung helfen. Die Darmflora kommt dadurch aus dem Gleichgewicht und die Folge können krampfartige Schmerzen sein.

Zusammensetzung der Mahlzeiten: Bei manchen Menschen können bestimmte Inhaltsstoffe im Essen zu Magenschmerzen führen. Fettiges oder zuckriges Essen kann zu Verdauungsproblemen führen. Beim Verdacht auf Unverträglichkeiten hilft ein Ernährungstagebuch. Schreiben Sie genau auf: Was haben Sie wann gegessen und wie haben Sie es vertragen?

Essgewohnheiten: Auch die Essgewohnheiten können auf den Magen schlagen. Sind Sie ein Stressesser oder schlingen Sie Ihre Mahlzeiten im Stehen oder Gehen hastig hinunter? Dann kann schon eine kleine Änderung an alten Angewohnheiten – oft ist es einfach nur das Essen im Sitzen und in Ruhe – zu einer Linderung der Problematik führen.

Unverträglichkeiten: Auch an das Vorliegen einer Unverträglichkeit gegenüber bestimmten Bestandteilen der täglichen Speisen sollten Sie denken: Bei Milchzucker- (Laktose), Fruchtzucker- (Fruktose) oder Glutenunverträglichkeit (Zöliakie) können Magenkrämpfe, Durchfälle oder Blähungen auftreten. Lassen Sie solche Unverträglichkeiten von einem erfahrenen Arzt austesten und meiden Sie nicht auf Verdacht ganze Lebensmittelgruppen. Dadurch könnten Ihnen auf Dauer wichtige Vitalstoffe fehlen.

Magenfreundlich leben

Führen Sie ein Ernährungstagebuch, damit Sie die problematischen Nahrungsmittel erkennen.

Versuchen Sie, so gut es geht, Stress zu vermeiden und abzubauen. Probieren Sie unterschiedliche Entspannungstechniken aus und entdecken die richtige für Sie. Planen Sie Ruhephasen ein und treiben Sie Sport: Dabei werden die Stresshormone direkt abgebaut.

Richtige Ernährung

- Bevorzugen Sie fettarme Speisen und Zubereitungen, z. B. dünsten, garen in Folie, kochen.
- Greifen Sie zu bei mild gewürzten Mahlzeiten, denn zu salzig, zu süß, zu stark gewürzt kann den Magen belasten.

- Wählen Sie kohlensäurefreie Getränke für Ihre tägliche Flüssigkeitszufuhr aus. Geeignet sind stilles Wasser, dünne Saftschorlen (1 Teil Fruchtsaft, 3 Teile stilles Mineralwasser), Kräuter- oder milde Früchtetees.
- Verteilen Sie Ihre Mahlzeiten über den Tag, kleinere Mahlzeiten sind besser als große. Essen Sie regelmäßig.
- Lassen Sie sich Zeit zum Essen, setzen Sie sich zum Essen hin und kauen Sie gründlich – gut gekaut ist halb verdaut.
- Meiden Sie Lebensmittel, die bei Ihnen erfahrungsgemäß Unverträglichkeiten auslösen.

Tipps zur Linderung

Wärme: Eine Wärmflasche oder ein Dinkelkissen auf den Oberbauch gelegt kann Magenbeschwerden vertreiben.

Kräutertee: Verschiedene Teesorten sind für ihre magenfreundliche Wirkung bekannt. Kamille, Fenchel, Kümmel, Ingwer, Melisse, Anis, Basilikum oder Koriander können einzeln oder kombiniert als Tee getrunken dem Magen Entlastung bringen.

Rollkur: Dazu 2 Tassen Kamillentee (10 Minuten Ziehzeit) auf nüchternen Magen trinken. 10 Minuten auf dem Rücken liegen bleiben, dann auf die rechte Seite drehen und wieder 10 Minuten liegen bleiben. Dann auf die linke Seite drehen und wieder 10 Minuten liegen bleiben. Zuletzt auf den Bauch drehen und 10 Minuten liegen bleiben. Danach sollte 30 Minuten Ruhe gehalten werden. Während der Rollkur sollten Sie darauf achten, dass der Magen warm gehalten wird.

Magenwickel: Hierfür legen Sie ein dreifach zusammengelegtes Tuch in ein

Reizdarmsyndrom

Das Reizdarmsyndrom wird oft erst nach einer langen Odyssee diagnostiziert. Die folgenden Zeilen sollen nur einen kurzen Überblick geben.

Der Reizdarm lässt sich nicht durch einen speziellen Test nachweisen, daher wird er durch Ausschlussdiagnose erkannt. Wenn für immer wiederkehrende Beschwerden wie Bauchschmerzen, Bauchkrämpfe, Völlegefühl, Blähungen, Verstopfung und Durchfall keine organische Ursache gefunden werden kann, sprechen Mediziner vom Reizdarmsyndrom. Ein Reizdarm ist für die Betroffenen sehr belastend und schränkt die Lebensqualität teilweise stark ein. Jedoch bedeutet die Diagnose Reizdarm keine Verkürzung der Lebensdauer und der Reizdarm steht auch nicht im Verdacht Darmkrebs auszulösen.

Eine endgültige Ursache für den Reizdarm hat die Wissenschaft aktuell noch nicht gefunden. Verschiedene Thesen stehen jedoch im Raum. Reizdarmpatienten scheinen einen besonders empfindlichen Darm zu haben. Bei manchen Betroffenen könnten Infektionen im Darm Verursacher sein. Psychischer Stress, Angst, Kummer oder Sorgen stehen ebenfalls im Verdacht ein Reizdarmsyndrom auszulösen oder zu verschlimmern.

Die Behandlung des Reizdarmsyndroms ist so unterschiedlich wie die Ausprägung der Symptome. Finden Sie gemeinsam mit Ihrem Arzt die richtige Therapie – Ernährung, Medikamente, Entspannungstechniken oder Vermeidung der Auslöser – und probieren Sie Änderungen nur in kleinen Schritten aus.

Essig-Wasser-Gemisch (1 Liter angenehm warmes Wasser, 1 EL Essig) und legen sich das Tuch für 15 Minuten auf den Bauch. Gut ist auch ein Heilerdewickel aus Kamillentee oder warmem Wasser und Heilerde. Paste auf ein Tuch geben, dreifach zusammenfalten und dieses auf den Magen legen, bis der Umschlag getrocknet ist.

Sodbrennen

Verursacht wird das Sodbrennen durch Rückfluss von saurem Mageninhalt in die Speiseröhre, auch Reflux genannt. Die Schleimhaut der Speiseröhre wird durch häufiges Sodbrennen gereizt und dieser Dauerreiz kann im weiteren Verlauf zu einer Entzündung oder Geschwüren in der Speiseröhre führen. Die Hauptursache für den Rückfluss von Mageninhalt in die Speiseröhre ist die Erschlaffung des unteren Speiseröhrenschließmuskels, der dafür sorgt, dass der Speisebrei nicht mehr zurückfließen kann. Die Ermüdung des Schließmuskels wird durch eine reduzierte Muskelspannung verursacht.

Mögliche Ursachen

Zusammensetzung der Nahrung: Eine fettige Mahlzeit senkt die Spannung des Speiseröhrenschließmuskels um etwa 30 Prozent, vermutlich hervorgerufen durch eine vermehrte Freisetzung des Hormons Cholezystokinin. Kohlenhydrate wirken neutral, während eiweißreiche Mahlzeiten den Druck um etwa 50 Prozent erhöhen. Kalte Speisen und Getränke verzögern den Rücktransport von bereits in die Speiseröhre übertretenem Mageninhalt in den Magen – das verstärkt die Problematik zusätzlich.

Alkohol: Alkoholische Getränke senken die Muskelspannung des Speiseröhrenschließmuskels.

Übergewicht: 80 Prozent der Reflux-Patienten sind übergewichtig. Durch ein zu hohes Körpergewicht wird der Druck im Bauchraum gesteigert und die Druckdifferenz zwischen Speiseröhre und Magen nimmt ab. Dies fördert den Rückfluss von Speisebrei, vorwiegend im Liegen.

Kaffee: Dazu gibt es keine eindeutigen Erkenntnisse. Im Verdacht stehen nicht das Koffein, sondern andere Inhaltsstoffe wie Säuren, die die Muskelspannung reduzieren.

Weitere Ursachen: Schnelles hastiges Essen, Stress, Medikamente, Nikotin, Schokolade, Schwangerschaft sind bekannt dafür, dass sie Sodbrennen auslösen.

Richtige Ernährung

- Verteilen Sie Ihre Mahlzeiten über den Tag (vier bis sechs kleine Mahlzeiten).
- Kauen Sie Ihr Essen langsam und gründlich. Planen Sie ausreichend Zeit für das Essen ein. Vermeiden Sie Ablenkung beim Essen wie Handy, Laptop, Fernsehen!
- Bevorzugen Sie leicht verdauliche Lebensmittel.
- Achten Sie vor allem am Abend auf leichte Kost und essen Sie kurz vor dem Schlafengehen nichts mehr.
- Meiden Sie Kaffee, Tomaten, scharfe Gewürze, stark gesalzene und fettige Speisen wie Frittiertes, scharf gebratenes Essen, extrem heiße oder eiskalte Gerichte und Getränke, Pfefferminztee, Cola, Fruchtsäfte und Süßspeisen.
- Wählen Sie Getränke ohne Kohlensäure oder Fruchtsäure, z. B. stilles Wasser, Kamillentee, Fencheltee, Süßholzwurzeltee. Ebenso können bicarbonatreiche

Mineralwässer Linderung verschaffen. Achten Sie auf dem Etikett auf das Hydrogencarbonat: Es sollte über 1300 mg liegen.
- Versuchen Sie, Übergewicht langsam abzubauen. Dies ist oft schon ausreichend, um Symptome zu beseitigen oder deutlich zu lindern.
- Unternehmen Sie nach dem Essen einen Verdauungsspaziergang.

Tipps zur Linderung

Leinsamen-Aufguss: 10 Gramm Leinsamen (leicht geschrotet) in einen Teebeutel geben, mit kochendem Wasser übergießen und 20 Minuten quellen lassen. Teebeutel entfernen und den Aufguss in kleinen Schlucken trinken.

Mit dem Kopf erhöht liegen: Ein zweites Kopfkissen oder ein Kopfteil im Bett kann für einen aufrechteren Schlaf sorgen und dadurch die Beschwerden im Liegen lindern.

Stressabbau: Bauen Sie Ihren Stress aktiv ab. Probieren Sie unterschiedliche Entspannungstechniken aus und finden Sie die richtige für Sie.

Vermeiden von Druckerhöhung im Magen: Alle Bewegungen, die den Magendruck erhöhen, sollten vermieden werden, wie starke Bauchpresse oder Bücken.

Blähungen

Fast jeder leidet gelegentlich unter Blähungen. Dabei entweichen Darmgase, die bei der Verdauung anfallen, über den After. An sich ist dieser Vorgang normal und nicht krankhaft. Eine Faustregel besagt, dass bis zu 24 Mal pro Tag Darmwinde abgehen können. Ist jedoch zu viel Gas im Bauch, entsteht ein Blähbauch, Meteorismus genannt: Es sammeln sich Darmgase im Bauchraum an, der Bauch wölbt sich nach außen und ist somit dick und aufgebläht. Bei manchen Menschen ist der Blähbauch an der Tagesordnung und belastet die Betroffenen stark in ihrem Alltag. Scheuen Sie sich daher nicht, den Arzt Ihres Vertrauens auf häufige Darmwinde, einen Blähbauch oder stark riechende Windabgänge anzusprechen. Lassen Sie abklären, woher die Einschränkungen in der täglichen Verdauungsarbeit rühren.

Mögliche Ursachen

Blähende Lebensmittel: Lebensmittel, die bei vielen Menschen Blähungen hervorrufen, sind Zwiebeln, Knoblauch, Lauch, Kohlgemüse (Weißkohl, Rotkohl, Rosenkohl, Blumenkohl, Brokkoli), Paprika, Hülsenfrüchte. Sollten Sie beim Verzehr dieser oder anderer Lebensmittel mit Blähungen reagieren, meiden Sie diese Nahrungsmittel vorerst. Probieren Sie jedoch – zunächst mit kleinen Portionen – immer wieder einmal aus, ob die Verträglichkeit sich wieder gebessert hat. Das Führen eines Ernährungstagebuchs kann helfen, die Verursacher zu finden. In manchen Fällen reicht bereits eine andere Form der Zubereitung, um die Verträglichkeit zu verbessern.

Stress: Empfindliche Menschen reagieren bei Stress, Angst, Aufregung oder Sorgen mit Verdauungsproblemen wie Blähungen. Prüfen Sie, ob sich Änderungen in Ihrem Alltag oder an Ihrer Einstellung günstig auf die Problematik auswirken. Testen Sie unterschiedliche Entspannungstechniken, die Ihnen in stressigen Situationen helfen können.

Unbewusstes Luftschlucken (Aoerophagie): Bei Anspannung, Stress oder Aufregung verschlucken manche Menschen unbewusst Luft. Auch Raucher schlucken häufig vermehrt Luft. Ebenso kann hastiges Essen dazu führen, dass unbeabsichtigt Luft mitgeschluckt wird.

Unverträglichkeiten: Auch an eine Unverträglichkeit gegenüber bestimmten Bestandteilen der täglichen Speisen sollte gedacht werden. Bei Milchzucker- (Laktose-), Fruchtzucker- (Fruktose-) oder Glutenunverträglichkeit (Zöliakie) können Blähungen, Durchfälle oder Krämpfe auftreten. Lassen Sie solche Unverträglichkeiten von einem erfahrenen Arzt austesten und meiden Sie nicht auf Verdacht ganze Lebensmittelgruppen, ohne zu wissen, ob Sie tatsächlich unter einer Unverträglichkeit leiden: Nur 15 bis 20 Prozent der Menschen in Deutschland leiden beispielsweise unter einer Laktoseunverträglichkeit. Das bedeutet, dass 80 bis 85 Prozent der Bevölkerung Milch- und Milchprodukte vertragen, die ja wertvolle Vitalstoffe enthalten. Häufig werden jedoch aufgrund einer Selbstdiagnose mithilfe des Internets Lebensmittel gemieden, obwohl gar nicht sicher untersucht wurde, ob eine Unverträglichkeit vorliegt.

Medikamente: Bestimmte Medikamente können als Nebenwirkungen Blähungen verursachen. Das gilt für Tabletten, die bei Diabetes Typ 2 eingesetzt werden (z. B. Acarbose oder Miglitol), penicillinhaltige Antibiotika, entzündungshemmende Medikamente (z. B. Diclofenac) oder auch Abführmittel wie Lactulose.

Weitere Ursachen: Auch bakterielle Fehlbesiedelung des Darms (Blindsacksyndrom), erhöhte Gasproduktion im Darm, Störungen der Darmbewegungen, verminderter Abtransport der Darmgase über das Blut, Schwangerschaft, kohlensäurehaltiges Mineralwasser, ungewohnte ballaststoffreiche Ernährung, viele Zuckeraustauschstoffe (z. B. in Lightprodukten) und Fruktose (z. B. in Limonaden) können Blähungen fördern.

Richtige Ernährung

- Verteilen Sie Ihre Mahlzeiten über den Tag (4 bis 6 kleine Mahlzeiten).
- Kauen Sie Ihr Essen langsam und gründlich.
- Nehmen Sie sich Zeit zum Essen und vermeiden Sie Ablenkungen wie Handy, Fernsehen oder Laptop!
- Bevorzugen Sie leichtverdauliche Lebensmittel.
- Meiden Sie blähende Lebensmittel wie Zwiebeln, Knoblauch, unreifes Obst, Nüsse, frisches Brot und Hefegebäck, Kohlgemüse (Rosenkohl, Weißkraut, Blaukraut, Sauerkraut), Lauch, Hülsenfrüchte. Kurz blanchiertes oder gedünstetes Gemüse – es kann ruhig noch knackig sein! – verträgt der Darm häufig besser als rohes Gemüse.
- Meiden Sie Kaffee, scharfe Gewürze, fettgebackene Speisen, scharf angebratenes Essen, extrem heißes oder eiskaltes Essen und Trinken.
- Wählen Sie Getränke ohne Kohlensäure oder Fruchtsäure, z. B. stilles Wasser, Kamillentee, Fencheltee, Anistee, Pfefferminztee.

Tipps zur Vermeidung

Bewegung: Regelmäßige Bewegung unterstützt eine gesunde Verdauung. Versuchen Sie, sich anzugewöhnen, körperlich aktiv zu sein. Ein kurzer Verdauungsspaziergang, Erledigungen zu Fuß oder mit dem Fahrrad sowie regelmäßige Gymnastik können zur Linderung oder sogar zur Vermeidung von Blähungen führen.

Bauchmassage: Eine Bauchmassage im Uhrzeigersinn kann den Bauch entspannen und gleichzeitig die Verdauung fördern.

Pfefferminzöl: Vermeidet übelriechende Blähungen und kann gleichzeitig entkrampfend wirken.

Wickel: Ein warmer Bauchwickel oder ein feucht-warmes Tuch, eine Wärmflasche oder ein warmes Bad helfen den Bauch zu entspannen und schmerzhafte Blähungen zu vermeiden.

4-Winde-Tee: Ein Tee aus Fenchel, Anis, Kümmel, Pfefferminze entkrampft den Bauch, wirkt blähungstreibend und verdauungsfördernd. Trinken Sie den Tee etwa 30 Minuten nach dem Essen. Weitere Pflanzen sind für ihre unterstützende Wirkung bei Blähungen bekannt und eignen sich für einen Tee: Ingwer, Kamille, Gelbwurz, Enzian, Artischocke, Löwenzahn. Probieren Sie aus, was Ihnen schmeckt.

Verstopfung

Von Verstopfung (Obstipation) spricht der Arzt, wenn eine Darmentleerung seltener als dreimal pro Woche stattfindet. Weiterhin wird ein erschwertes Entleeren des Darmes, das sich durch starkes Pressen oder klumpigen, trockenen oder harten Stuhl zeigt, als Verstopfung eingestuft. Betroffene haben häufig auch den Eindruck, den Darm nicht komplett entleeren zu können.

Eine akute Verstopfung tritt plötzlich auf, z. B. im Rahmen einer Urlaubsreise, weil der Darm mit ungewohntem Essen, heißen Temperaturen, zu geringer Trinkmenge und manchmal auch mit weniger Bewegung zurechtkommen muss. Bei anfälligen Menschen schafft er das nicht und es kommt zur sogenannten Reiseobstipation. Diese verschwindet in der Regel wieder, wenn der Urlaub zu Ende ist und der Alltag wieder einsetzt. Außerdem kann es im Rahmen einer längeren Bettlägerigkeit durch Krankheit oder Operationen sowie durch hormonelle Einflüsse in der Schwangerschaft oder in den Wechseljahren zu einer akuten Verstopfung kommen.

Sonderfall Darmverschluss
Beobachten Sie zusätzlich zur Verstopfung auch Fieber, einen aufgetriebenen Bauch (Meteroismus), Übelkeit und Erbrechen sowie starke Bauchschmerzen, sollten Sie sich schnell in ärztliche Hilfe begeben. Diese Symptome sprechen für einen Verschluss des Darms und das ist ein medizinischer Notfall, der eine dringende medizinische Abklärung erfordert. Rufen Sie den Notruf (Tel. 112)!

Von chronischer Verstopfung spricht der Mediziner, wenn die Problematik länger als drei Monate andauert und mindestens zwei der folgenden Anzeichen vorhanden sind:

- harter, klumpiger, trockener Stuhl
- weniger als dreimal pro Woche Stuhlgang
- starkes Pressen beim Stuhlgang
- Gefühl der unvollständigen Darmentleerung
- manuelles Nachhelfen ist nötig

Wichtig: Auch bei täglichem Stuhlgang, der jedoch nur unter Schwierigkeiten abzusetzen ist, z. B. nur durch starkes Pressen oder bei hartem Stuhl, muss von einer Verstopfung ausgegangen werden.

Verstopfung tritt ab dem 65. Lebensjahr gehäuft auf. Meist leiden ältere Menschen unter Erkrankungen wie Hämorrhoiden, Diabetes mellitus Typ 2, Darmausstülpungen, die auch eine Verstopfung auslösen können. Sehr oft findet sich im Beipackzettel verordneter Medikamente – z. B. Wassertabletten oder Schmerzmittel – unter den Nebenwirkungen die Verstopfung aufgelistet. Zuletzt führt auch eine geringere Flüssigkeitszufuhr und reduzierte Bewegungsmöglichkeiten durch beispielsweise Arthrose oder Bettlägerigkeit zur Verstopfung.

Häufig greifen Betroffene zu Abführmitteln, um Abhilfe zu schaffen. Dies lindert zwar die Probleme bei der Darmentleerung, jedoch gewöhnt sich der Darm an die Hilfe von außen und der Teufelskreis beginnt: Um eine erleichterte Darmentleerung weiterhin zu gewährleisten, muss die Dosis der Abführmittel stets gesteigert werden. Oft besteht der Irrglaube, dass pflanzliche Abführmittel weniger schädlich sein. Doch auch diese Mittel verschlimmern die Darmträgheit und sollten keinesfalls ohne ärztlichen Rat eingenommen werden. **Wenden Sie sich bei Darmträgheit bitte an Ihren Arzt und greifen keinesfalls in Eigenregie zu Abführmitteln!**

Mögliche Ursachen

Zu wenig Flüssigkeit: Viele trinken zu wenig. Dies kann bei anfälligen Menschen zu einer Verhärtung oder Verklumpung des Kots führen. Er wird durch die veränderte Konsistenz langsamer durch den Darm transportiert und die Darmentleerung fällt schwer.

Zu wenig Ballaststoffe: Durch eine einseitige Speisenauswahl, Bevorzugung von Weißmehlprodukten (helle Brötchen, Mischbrot, helle Nudeln oder Reis), zu wenig frisches Obst, Gemüse, Salat und Hülsenfrüchte oder den regelmäßigen Einsatz von Fertiggerichten schaffen es viele Menschen nicht, die empfohlene Menge von mindestens 30 Gramm Ballaststoffen pro Tag aufzunehmen.

Zu wenig Bewegung: Durch sitzende Tätigkeiten, keinerlei körperliche Aktivität nach Feierabend, Fortbewegung mit Auto, Bus oder Bahn findet im Alltag kaum noch Bewegung statt, die den Darm bei seiner Arbeit unterstützt. Daher ist es nicht verwunderlich, dass bei uns Verstopfungen gehäuft auftreten.

Zu viel Stress: Ein stressiger Alltag, der schon morgens mit einem im Stehen hastig hinuntergeschlungenem Frühstück beginnt, kann eine Verstopfung begünstigen. Das Ignorieren und Unterdrücken des Stuhldrangs, weil anderes wichtiger ist, kann ebenso zur Verschlimmerung der Darmträgheit beitragen.

Medikamente: Allergiemedikamente, Schmerzmittel, Antibabypille oder auch Antidepressiva können Verstopfung auslösen.

Weitere Ursachen: Krankheiten wie Darmerkrankungen, Diabetes mellitus, Muskelerkrankungen, Demenz, Darmverengungen sowie Schwangerschaft fördern Verstopfung.

Richtige Ernährung

- Sorgen Sie für ausreichend Ballaststoffe bei der täglichen Ernährung: Bevorzugen Sie Vollkornbrot oder Vollkornbrötchen, Vollkornreis, Vollkornnudeln. Essen Sie täglich frisches Obst, Gemüse, Rohkost oder Salate. Nüsse liefern reichlich Ballaststoffe und gesunde Fette.
- Probieren Sie zum Frühstück ein Müsli aus. Weichen Sie dafür am Vorabend 5 bis 6 Esslöffel Vollkornhaferflocken in 100 ml Milch oder Buttermilch ein. Stellen Sie die Haferflocken zum Quellen in den Kühlschrank. Am nächsten Morgen geben Sie eine Handvoll frische Him-

beeren, Brombeeren oder Erdbeeren und einige Esslöffel Naturjoghurt hinzu. Gut schmecken auch einige Rosinen, Cranberrys, getrocknete Aprikosen oder Pflaumen, die Sie am Vorabend zu den Haferflocken geben können.

- Nutzen Sie „Ballaststoffbomben“ zur Verdauungsförderung: Leinsamen, Weizenkleie oder Flohsamen. Sie eignen sich als weitere Zutat fürs Müsli oder lassen sich in einem Milchshake oder Smoothie verstecken. Pro Esslöffel müssen Sie ein großes Glas Flüssigkeit trinken. Dies ist für die positive Wirkung auf die Verdauung extrem wichtig: Diese Lebensmittel quellen enorm und begünstigen eine Verbesserung der Verdauung nur, wenn gleichzeitig ausreichend Flüssigkeit aufgenommen wird.
- Bei geringer Ballaststoffmenge steigern Sie die Ballaststoffzufuhr langsam und nicht abrupt, von heute auf morgen. Beobachten Sie Ihre individuelle Verträglichkeit mithilfe eines Ernährungstagebuchs.
- Würzen Sie abwechslungsreich und machen Sie sich die verdauungsfördernde Wirkung mancher Kräuter zunutze. Dazu gehören beispielsweise Anis, Fenchel, Kümmel und Koriander.
- Bei guter Verträglichkeit von milchsauren Gemüsen wie Sauerkraut, milchsauer eingelegten Gurken, Erbsen oder Bohnen sowie Gemüsesäften planen Sie diese Lebensmittel regelmäßig in Ihren Speiseplan ein. Sie unterstützen die Verdauungsleistung des Darms.
- Meiden Sie stopfende Lebensmittel, wie beispielsweise Schokolade, Kakao, schwarzen Tee, Rotwein und Weißmehlprodukte.
- Achten Sie auf eine ausreichende Trinkmenge. 1,5 bis 2 Liter Flüssigkeit pro Tag sollten Sie anstreben. Kohlensäurehaltiges Mineralwasser hilft bei Verstopfung besser als stilles Wasser, weil die Kohlensäure die Darmbewegung anregt. Trinken Sie vor dem Essen 1 bis 2 Gläser kohlensäurehaltiges Mineralwasser. Grüner Tee zählt ebenso zu den geeigneten Getränken bei Verstopfung.

Tipps zur Vermeidung

Bewegung: Körperliche Aktivität und Sport unterstützen die tägliche Verdauungsarbeit des Körpers. Dabei ist Regelmäßigkeit entscheidend! Eine gute Übung ist das Radfahren im Liegen. Dafür legen Sie sich auf den Rücken, strecken die Füße nach oben und strampeln kräftig mit den Beinen in der Luft, mindestens 20 bis 30 Mal.

Zeit: Der Gang zur Toilette sollte nicht unter Zeitdruck geschehen. Nehmen Sie sich genügend Zeit, unterdrücken Sie den Stuhldrang nicht und versuchen Sie, Ihren Darm zur Regelmäßigkeit zu „erziehen“.

Kalte oder lauwarme Flüssigkeit: Morgens auf nüchternen Magen ein großes Glas kalte Flüssigkeit wie Milch, Wasser oder Fruchtsaft trinken, löst bei den meisten Menschen Stuhldrang aus. Bei manchen hilft auch ein lauwarmes Getränk. Probieren Sie aus, was bei Ihnen wirkt.

Essig: 1 Esslöffel Apfelessig in einem Glas kohlensäurehaltigem Mineralwasser kann gegen Verstopfung vorbeugen.

Wärme: Warme Auflagen (z. B. Dinkelkissen, Kirschkernsäckchen oder Wärmflaschen) fördern die Verdauung. Legen Sie das Dinkelkissen oder Kirschkernsäckchen in den Backofen oder die Mikrowelle und erwärmen es bei 120 bis 160 °C. Wickeln Sie die Auflage in ein Baumwolltuch und legen Sie sich mit der warmen Auflage auf dem Bauch hin. Decken Sie sich mit einer Wolldecke zu und bleiben Sie 30 Minuten liegen.

Heilerde: ½ bis 1 Teelöffel vor dem Frühstück eingenommen, kann bei trägem Darm die Verdauung unterstützen.

Medikamente: Prüfen Sie die Beipackzettel Ihrer Medikamente. Bei manchen Tabletten ist unter den Nebenwirkung das Problem Verstopfung aufgelistet. Sprechen Sie dann Ihren Arzt auf eine Alternative an.

Durchfall

Von Durchfall (Diarrhoe) spricht der Arzt, wenn der Stuhlgang breiig oder flüssig ist, die Darmentleerung mehr als dreimal pro Tag auftritt und weitere Beschwerden wie Übelkeit, Bauchschmerzen oder Bauchkrämpfe hinzukommen.

Akute Durchfallbeschwerden kennt vermutlich jeder. Jeder dritte Deutsche ist einmal pro Jahr davon betroffen. Zu den akuten Durchfallerkrankungen zählt auch der Reisedurchfall. Ursache dafür sind die schlechteren hygienischen Bedingungen in meist südlichen Ländern, die den Körper in Kontakt mit unbekannten Bakterien bringen. Aufgenommen werden sie durch Essen oder Trinkwasser und lösen einen Durchfall aus, der meist nach wenigen Tagen wieder abklingt. Akute, heftige (Brech-) Durchfälle können aufgrund des Flüssigkeitsverlusts, gleichzeitigem Fieber und starkem Schwitzen zur Austrocknung (Dehydration) führen. Vor allem Kinder, immungeschwächte oder ältere Menschen sind besonders gefährdet.

Von chronischem Durchfall spricht man, wenn die Durchfälle länger als zwei Wochen anhalten oder Durchfall immer wieder auftritt. Die Ursachen von chronischem Durchfall sind oft durch andere Grunderkrankungen erklärbar. Daher kontaktieren Sie bei immer wieder auftretenden Durchfällen Ihren Hausarzt und schildern ihm Ihre Beschwerden.

Je nach Stuhlbeschaffenheit lässt sich vermuten, wo der Ort des Übels liegt. Viel wässriger, sehr voluminöser oder schaumiger Stuhl und unverdaute Nahrungsbestandteile weisen auf Dünndarmdurchfall hin. Beobachten Sie jedoch vermehrten Stuhldrang in kleinen Mengen und mit Blut- oder Schleimauflagerungen, deutet das auf Dickdarm- oder Enddarmdurchfall hin.

Sonderfall Fettstühle
Beobachten Sie massiven, lehmartig hell verfärbten, fettglänzenden, breiigen und extrem penetrant riechenden Stuhlgang, der sich schlecht wegspülen lässt, handelt es sich um sogenannte Fettstühle (Steatorrhö). Die Ursache liegt in einer Störung der Fettverdauung, welche das Ausscheiden von zu viel Fett im Stuhlgang erlaubt. Es können unterschiedliche Grunderkrankungen zum Auftreten von Fettstühlen führen, z. B. chronisch-entzündliche Darmerkrankungen, Gallensteine und Bauchspeicheldrüsenerkrankungen.
Um die Ursache abzuklären, ist der Gang zum Arzt in jedem Falle wichtig und empfehlenswert. Zögern Sie nicht und kontaktieren Sie Ihren Hausarzt.

Mögliche Ursachen

Viren und Bakterien: In den meisten Fällen sind Viren oder Bakterien für das Auftreten von akuten Durchfällen verantwortlich. Diese lösen zusätzlich starke Bauchschmerzen oder Bauchkrämpfe, Übelkeit und Erbrechen aus – eine sogenannte Magen-Darm-Grippe.

Lebensmittelvergiftung: Bei Lebensmittelvergiftungen sind nicht die Bakterien selbst der Auslöser für die Durchfallerkrankung, sondern die giftigen Stoffwechselprodukte der Bakterien.

Stress: Nicht nur nasse Hände und Nervosität vor einer Prüfung oder einem wichtigen Termin, sondern auch Probleme im Darm, z. B. mit Durchfällen können durch Stress oder Angst ausgelöst werden.

Medikamente: Manche Medikamente können Durchfall auslösen, beispielsweise Antibiotika. Die Antibiotika wirken, indem sie Bakterien beseitigen. Leider unterscheidet die Tablette nicht zwischen guten und bösen Bakterien und das führt oft dazu, dass die Darmflora angegriffen wird. Weiterhin bringt die übermäßige, unkontrollierte und missbräuchliche Einnahme von Abführmitteln den kompletten Verdauungstrakt durcheinander und löst oft Durchfälle aus. Ebenso ist bei bestimmten Krebsmedikamenten (Zytostatika) Durchfall als häufige Nebenwirkung zu beobachten.

Erkrankungen: Bei chronisch-entzündlichen Darmerkrankungen wie Morbus Crohn oder Colitis ulcerosa oder auch Reizdarmsyndrom leiden die Betroffenen gehäuft unter Durchfällen. Diese drei Darmerkrankungen zeichnet eine geschädigte und dauerhaft entzündete Darmschleimhaut aus. Dadurch ist die Wasseraufnahme des Körpers aus dem Nahrungsbrei gestört, sodass Durchfälle auftreten.

Weitere Ursachen: Nahrungsmittelallergie, Nahrungsmittelunverträglichkeiten (z. B. Milchzucker und Fruchtzucker), Koffein, Tein, Vergiftungen (z. B. Blei, Quecksilber oder Pilze), Strahlenbehandlung, Erkrankungen (z. B. Zöliakie, Mukoviscidose) und chronischer Alkoholmissbrauch können ebenfalls Durchfall auslösen.

Richtige Ernährung

- Versuchen Sie, so viel Flüssigkeit wie möglich zu trinken, um die durch den Durchfall verlorene Flüssigkeit zu ersetzen. 2 bis 3 Liter stilles Mineralwasser, verdünnte Hühnerbrühe, gesüßter, dünner schwarzer Tee oder Kräutertees (z. B. Fenchel, Kamille, Pfefferminz). Eine Elektrolytlösung kann das Auffüllen verloren gegangener Mineralien unterstützen. Oder probieren Sie Folgendes: ½ Liter Wasser mit 1 Teelöffel Kochsalz, 7 bis 8 Teelöffeln Traubenzucker und ½ Liter Saft oder Kräutertee vermengen. 2 Liter täglich davon trinken.
- Entgegen landläufiger Meinung sind Cola und Salzstangen nicht die optimale Behandlung von Durchfällen. Ihr hoher Zuckergehalt beeinflusst den Wasserhaushalt und kann den Durchfall sogar noch verschlechtern. Koffein ist vor allem für Kinder ungeeignet. Salzstangen liefern hauptsächlich Salz und kaum Kalium. Jedoch benötigt unser Körper auch Kalium, um die Speicher wieder aufzufüllen. Eine Alternative können fertige Elektrolytlösungen aus der Apotheke oder selbst hergestellte Lösungen sein (Rezept siehe oben).
- Je nach Befinden kann es sinnvoll sein, vorübergehend auf feste Nahrung zu verzichten.

- Bei vorhandenem Appetit sollten Sie eine leichte, fett- und ballaststoffarme Kost zu sich nehmen. Empfehlenswerte Lebensmittel sind geriebene, rohe Äpfel, zerdrückte Banane, geriebene rohe Karotten oder Karottensuppe, Haferschleim, weich gekochte Nudeln oder Reis, Kartoffelbrei (ohne Butter mit fettarmer Milch zubereitet), Rührei, Weißbrot, Zwieback, Knäckebrot.
- Rezept Karottensuppe: ½ Kilogramm Karotten waschen, schälen und in grobe Stücke zerkleinern. In kochendem Wasser 1 Stunde kochen und pürieren, den Karottenbrei mit kochendem Wasser auf 1 Liter auffüllen und mit 1 Teelöffel Kochsalz würzen. Über den Tag verteilt mehrere kleine Portionen essen hilft, die krankmachenden Keime auszuscheiden.
- Rezept Haferschleim: 2 EL Schmelzflocken in 250 ml Wasser aufkochen lassen, mit Salz oder 1 Teelöffel Gemüsebrühe würzen und so lange kochen, bis eine dickliche Suppe entstanden ist.
- Nach dem Abklingen des Durchfalls ist es sinnvoll, einige Tage eine leicht verträgliche Kost einzuhalten. Vermeiden Sie blähende, fettige und scharfe Speisen oder Lebensmittel.

Tipps zur Vermeidung von akutem Durchfall

Hygiene: Nach jedem Toilettengang, vor und nach der Nahrungszubereitung und vor jedem Essen, Hände waschen nicht vergessen – gründlich mit gut eingeseiften Händen für mindestens 30 Sekunden. Bei Durchfallerkrankungen in der Familie weisen Sie am besten dem Betroffenen eine eigene Toilette zu. Wenn das nicht möglich ist, nach jedem Toilettengang die Toilette gründlich mit Desinfektionsmittel reinigen.

Urlaub: Auf Reisen nur Trinkwasser aus abgefüllten Mineralwasserflaschen trinken. Leitungswasser und Eiswürfel meiden. Auch zum Zähne putzen Wasser aus Mineralwasserflaschen verwenden. Obst im Ausland besser nur geschält essen. Auf Fernreisen nur durchgegarte Lebensmittel verzehren. „Cook it, boil it, peal it or leave it.“ Beherzigen Sie diese alte englische Kolonialregel: Gegartes, Gekochtes, Geschältes verzehren, ansonsten besser die Hände davon lassen.

Lebensmittel: Frische und angebrochene Lebensmittel nur kurz aufbewahren oder gut kühlen. Auf den Verpackungen vieler Lebensmittel finden Sie einen Hinweis, in welcher Zeit Sie das Produkt verzehrt haben sollten. Tierische Lebensmittel ausreichend durcherhitzen (z. B. Hühnergerichte).

Frühstück

Porridge mit bunten Beeren

Eine leckere Alternative zum Müsli

Zutaten für 2 Portionen

400 ml Milch, 1,5 % Fett
75 g grobe Getreideflocken, z. B. Hafer oder Dinkel
1 Prise Salz
etwas Zimt
Ahornsirup nach Belieben
150 g Heidelbeeren
150 g Erdbeeren

Zubereitungszeit
5 Minuten
Garzeit
ca. 20 Minuten

Eine Portion enthält
325 kcal/1359 kJ
13 g Eiweiß
7 g Fett
51 g Kohlenhydrate
7 g Ballaststoffe

Zubereitung

1| Milch aufkochen lassen, Getreideflocken, Salz und Zimt zugeben und unter Rühren 15 bis 20 Minuten kochen lassen. Falls der Porridge zu dick ist, noch etwas Milch untermengen. Nach Belieben mit Ahornsirup süßen. Auf 2 Schüsseln verteilen.

2| Beeren waschen und putzen, Erdbeeren in dünne Scheiben schneiden und zusammen mit den Heidelbeeren auf dem Porridge verteilen.

Bircher Müsli mit gedünsteten Zimtbirnen

Ein gesunder Start in den Tag

Zutaten für 2 Portionen

2 Birnen
1 EL Zitronensaft
1 TL Ahornsirup
½ TL Zimt
100 ml Buttermilch
4 geh. EL Haferflocken
2 TL Leinsamen
1 EL Cranberrys
1 Becher Naturjoghurt, 1,5 % Fett (150 g)

Zubereitungszeit
10 Minuten
Quellzeit
ca. 5 Minuten

Eine Portion enthält
318 kcal/1330 kJ
11 g Eiweiß
6 g Fett
54 g Kohlenhydrate
8 g Ballaststoffe

Zubereitung

1| Birnen waschen, putzen, schälen, halbieren und in etwa 2 cm große Würfel schneiden. Mit dem Zitronensaft, dem Ahornsirup und dem Zimt in einen kleinen Topf geben. 50 ml Wasser zugießen und bei mittlerer Hitze zum Kochen bringen. Etwa 5 Minuten weich dünsten und etwas abkühlen lassen.

2| Buttermilch mit Haferflocken, Leinsamen und Cranberrys in einer Schüssel vermischen und etwa 30 Minuten quellen lassen.

3| Den Naturjoghurt mit den vorbereiteten Flocken vermengen und zusammen mit dem Birnenkompott genießen.

Küchentipp
Die Flocken mit der Buttermilch können Sie schon am Vorabend vorbereiten. Stellen Sie dazu die Haferflocken über Nacht zugedeckt in den Kühlschrank.

Südseemüsli

Exotisch-fruchtige Winter-Vitamine

Zutaten für 2 Portionen

1 kleine reife Mango
1 kleine Banane
1 EL Limetten- oder Zitronensaft
1 Schuss Orangensaft
300 g Naturjoghurt, 1,5 % Fett
4 geh. EL zarte Haferflocken

Zubereitungszeit
15 Minuten

Eine Portion enthält
353 kcal/1476 kJ
12 g Eiweiß
6 g Fett
61 g Kohlenhydrate
5 g Ballaststoffe

Zubereitung

1| Mango schälen und Fruchtfleisch vom Kern lösen, Fruchtfleisch in etwa 2 cm große Würfel schneiden. Banane schälen und in schmale Scheiben schneiden und mit dem Zitrussaft beträufeln. Die Hälfte der Obststücke mit dem Orangensaft in ein hohes Gefäß geben und mit einem Pürierstab zu einem geschmeidigen Fruchtpüree mixen.

2| Joghurt, Haferflocken und Fruchtpüree verrühren. In zwei Dessertschüsseln verteilen und mit den restlichen Fruchtstücken garniert servieren.

Gesundheitstipp
Wenn Sie Mango nicht vertragen, können Sie alternativ eine Kiwi verwenden. Sie sollten Sie allerdings gleich essen, da Kiwis ein Enzym enthalten, das im Zusammenspiel mit Milchprodukten Bitterstoffe entwickelt.

Gequollene Haferflocken

Grundrezept für Variationen

Zutaten für 2 Portionen

10 geh. EL Vollkornhaferflocken (100 g)
½ TL gem. Vanille
200 ml Milch, 1,5 % Fett
200 g Naturjoghurt, 1,5 % Fett

Zubereitungszeit
3 Minuten
Quellzeit
über Nacht

Eine Portion (ohne Obst) enthält:
280 kcal/1169 kJ
13 g Eiweiß
7 g Fett
41 g Kohlenhydrate
3 g Ballaststoffe

Zubereitung

Haferflocken mit Vanille und Milch in eine Schüssel geben und über Nacht im Kühlschrank quellen lassen. Am nächsten Morgen mit dem Naturjoghurt vermengen und 2 Portionen gut bekömmliches Obst zugeben.

Varianten

Geben Sie einen geraspelten Apfel oder eine geraspelte Birne mit einer Prise Zimt zum Müsli. Auch die Getreideflocken können Sie variieren: Lecker schmecken Dinkel oder fertig gemischten Getreideflocken. Finden Sie Ihre Lieblingsmischung!

Sonntagsfrühstück

Vielfalt und Genuss

Zutaten für 2 Portionen

2 Vollkornbrötchen
2 EL Magerquark
2 Tomaten
einige Basilikumblätter
1 Scheibe gek. Schinken
1 Scheibe Schnittkäse, 40 % Fett i. Tr.
1 Rosinenbrötchen oder 2 Stücke Hefezopf
1 TL Butter
1 TL Honig
2 Kiwis oder zwei andere Stücke frisches Obst

Zubereitungszeit
15 Minuten

Eine Portion enthält
383 kcal/1603 kJ
20 g Eiweiß
12 g Fett
46 g Kohlenhydrate
7 g Ballaststoffe

Zubereitung

1| Vollkornbrötchen halbieren. Jede Hälfte dünn mit Quark bestreichen. Tomaten waschen, halbieren und in schmale Scheiben schneiden. Basilikumblätter waschen und abtrocknen. Schinken- und Käsescheibe halbieren und die Brötchenhälften damit belegen. Die Tomatenscheiben und Basilikumblätter auf den Brötchenhälften verteilen.

2| Rosinenbrötchen halbieren, mit Butter und mit Honig bestreichen. Kiwis halbieren.

3| Alles zusammen servieren und genießen.

Kräuterrührei

Frühstückshighlight mit frischen Kräutern

Zutaten für 2 Portionen

½ kleines Bund Gartenkräuter, z. B. Petersilie, Kerbel, Dill
4 Eier
½ kleines Glas Milch, 1,5 % Fett
Salz
Pfeffer
1 EL Rapsöl

Zubereitungszeit
10 Minuten
Garzeit
ca. 5 Minuten

Eine Portion enthält
269 kcal/1124 kJ
17 g Eiweiß
22 g Fett
2 g Kohlenhydrate
0 g Ballaststoffe

Zubereitung

1| Kräuter waschen, trocken schütteln, Blättchen von den Stängeln zupfen und fein schneiden.

2| Eier und Milch in eine Schüssel geben. Mit einem Schneebesen kräftig verquirlen. Die Kräuter zugeben, mit Salz und Pfeffer würzen.

3| Öl in einer beschichteten Pfanne erhitzen und die Eiermasse zugeben. Kurz stocken lassen und mit einem Pfannenwender vorsichtig von außen nach innen schieben. Sobald die Eiermasse gestockt ist, servieren.

Serviertipp
Genießen Sie das Kräuterrührei zu einem knusprigem Toastbrot oder Vollkornbrötchen.

Käsefrühstück

Für Käseliebhaber

Zutaten für 2 Portionen

2 Scheiben Vollkornbrot
2 TL Butter
1 Scheibe Lieblingsschnittkäse
2 Kornspitz
1 Stück Weichkäse, 45 % Fett i. Tr. (ca. 30 g)
2 EL Frischkäse, fettreduziert
1 EL gehackte Kräuter, z. B. Kerbel, Dill, Petersilie
Salz
Pfeffer
200 g Weintrauben

Zubereitungszeit

10 Minuten

Eine Portion enthält
474 kcal/1980 kJ
19 g Eiweiß
17 g Fett
60 g Kohlenhydrate
9 g Ballaststoffe

Zubereitung

1| Vollkornbrote mit Butter bestreichen, den Schnittkäse halbieren und die Brote damit belegen.
2| Kornspitz der Länge nach halbieren, den Weichkäse auf 2 Hälften verteilen.
3| Frischkäse, Kräuter und Gewürze zu einem Kräuterfrischkäse verrühren und die restlichen Kornspitzhälften damit bestreichen.
4| Alles mit den Trauben servieren.

Obstsalat mit Vanillequark

Besonders reich an Vitaminen

Zutaten für 2 Portionen

1 Apfel
1 Birne
½ Zitrone
150 g Erdbeeren
½ Vanilleschote
125 g Magerquark
1 Schuss kohlensäurehaltiges Mineralwasser
1 TL flüssiger Honig, z. B. Akazie

Zubereitungszeit
15 Minuten

Eine Portion enthält
147 kcal/616 kJ
10 g Eiweiß
1 g Fett
24 g Kohlenhydrate
5 g Ballaststoffe

Zubereitung

1| Apfel und Birne waschen, halbieren, Stiel und Kerngehäuse entfernen und die beiden Obstsorten in kleine Würfel schneiden. Zitrone auspressen und die Obstwürfel mit dem Saft beträufeln.

2| Erdbeeren vorsichtig waschen, putzen, halbieren, große Beeren vierteln.

3| Vanilleschote der Länge nach aufschneiden und das Mark mit einem scharfen Messerchen herauskratzen.

4| Quark, Mineralwasser, Vanillemark und Honig mit einem Schneebesen zu einer cremigen Masse verrühren.

5| Apfel- und Birnenwürfel mit den Erdbeeren vorsichtig vermengen und mit dem Vanillequark servieren.

Serviertipp
Das Frühstück ist für den kleinen Hunger gedacht. Kombinieren Sie den Obstsalat auch gerne als Vitaminkick zu Ihrem normalen Frühstück.

Pancakes

Der amerikanische Frühstücksklassiker

Zutaten für 2 Portionen

1 EL Butter
75 g Dinkelmehl, Typ 630
1½ TL Backpulver
1 Ei
1 Prise Salz
1 EL Zucker
65 ml Buttermilch
1 EL Rapsöl

Zubereitungszeit
10 Minuten
Backzeit
4–5 Minuten

Eine Portion enthält
353 kcal/1474 kJ
9 g Eiweiß
19 g Fett
38 g Kohlenhydrate
2 g Ballaststoffe

Zubereitung

1| Butter oder Diätmargarine schmelzen lassen. Mehl und Backpulver vermischen. Ei trennen, Eiweiß mit Salz steif schlagen. Dabei den Zucker einrieseln lassen. Eigelb, Buttermilch und zerlassenes Fett mit einem Schneebesen verquirlen und zügig unter die Mehlmischung rühren. Eischnee vorsichtig unterheben.

2| Öl in einer beschichteten Pfanne erhitzen und aus dem Teig kleine Pancakes backen.

Gesundheitstipp
Um den Anteil an Ballaststoffen zu erhöhen, können Sie die Mehlmenge auch zur Hälfte durch Vollkornmehl ersetzen.

Serviertipp
Typischerweise werden die Pancakes mit Ahornsirup serviert. Wenn Sie Zucker reduzieren möchten, genießen Sie Ihre Pancakes besser mit frischem Obst.

Tomate-Mozzarella-Rührei

Ein Stück Italien

Zutaten für 2 Portionen

4 Eier
4 EL Milch, 1,5 % Fett
2 Stängel Basilikum
Salz
Pfeffer
2 Tomaten
½ Kugel Mozzarella, fettreduziert
1 EL Olivenöl

Zubereitungszeit
15 Minuten
Garzeit
ca. 8 Minuten

Eine Portion enthält
323 kcal/1350 kJ
22 g Eiweiß
24 g Fett
4 g Kohlenhydrate
1 g Ballaststoffe

Zubereitung

1| Eier und Milch in eine Schüssel geben und mit einem Schneebesen kräftig verquirlen. Basilikum waschen, Blättchen abzupfen und in feine Streifen schneiden. Eiermasse mit den Basilikumstreifen, Salz und Pfeffer würzen.

2| Backofen auf 100 °C (Ober- und Unterhitze) vorheizen.

3| Tomaten waschen, halbieren, den Strunk herausschneiden und die Tomatenhälften in schmale Scheiben schneiden. Mozzarella ebenfalls in schmale Scheiben schneiden.

4| Die Hälfte des Olivenöls in eine kleine beschichtete Pfanne (Durchmesser 15 cm) geben und die Hälfte der Eiermasse vorsichtig in die Pfanne gießen. Mit einem Pfannenwender 3 bis 4 Mal am Pfannenboden entlang zur Pfannenmitte hinschieben und bei mittlerer Hitze ungefähr 2 Minuten stocken lassen. Die Hälfte der Tomaten- und der Mozzarellascheiben auf das Rührei legen und zugedeckt weitere 2 Minuten fertig garen.

5| Rührei zur Hälfte zusammenklappen und im heißen Ofen (keine Umluft) warm halten. Aus den restlichen Zutaten ein zweites Rührei herstellen.

Serviertipp
Genießen Sie das Omelett zu einem knusprigem Toastbrot oder Vollkornbrötchen.

Erdbeer-Rhabarber-Konfitüre

Besonders fein durch echte Vanille

Zutaten für 5–6 Gläser

700 g Erdbeeren
400 g Rhabarber
1 Vanilleschote
2 EL Zitronensaft
1 Packung Gelierzucker (2:1)

Zubereitungszeit
10 Minuten
Garzeit
ca. 5 Minuten

Eine Portion (1 EL = 20 g) enthält
37 kcal/156 kJ
0 g Eiweiß
0 g Fett
9 g Kohlenhydrate
0 g Ballaststoffe

Zubereitung

1| Erdbeeren waschen, putzen, halbieren, große Früchte vierteln. Rhabarber waschen, putzen, schälen und in 2 bis 3 cm lange Stücke schneiden. 650 g Erdbeeren abwiegen, 350 g Rhabarber abwiegen, insgesamt sollten es 1 Kilogramm Früchte sein. Vanilleschote der Länge nach halbieren, das Mark herauskratzen und mit den vorbereiteten Früchten und der Vanilleschote in einen großen Topf geben. Zitronensaft und Gelierzucker zugeben und unter Rühren aufkochen lassen.

2| Kurz bevor die Fruchtmasse zu köcheln beginnt, die Vanilleschote kurz herausnehmen und die Früchte mit einem Pürierstab kräftig durchmixen. Die Vanilleschote wieder zugeben und 3 Minuten unter Rühren sprudelnd kochen lassen. Vanilleschote entfernen.

3| Gelierprobe durchführen (siehe Küchentipp auf Seite 50). Konfitüre in die mit kochend heißem Wasser ausgespülten Twist-Off-Gläser füllen, sofort mit den Deckeln verschließen und umgedreht auskühlen lassen.

Küchentipp
Rhabarber ist ein guter Helfer bei Darmbeschwerden. Der Wurzelstock der Rhabarberpflanze wirkt dabei als Abführmittel bei Verstopfung. Wer allerdings unter Magenproblemen leidet, sollte keinen Rhabarber essen. Denn die enthaltene Oxalsäure, die für den frisch-herben Geschmack sorgt, kann bei empfindlichen Menschen zu Durchfall führen.

Birnen-Himbeer-Gelee

Mit weihnachtlichem Geschmack

Zutaten für 5–6 Gläser

700 g Birnen
600 g Himbeeren
2 Zimtstangen
1 Packung Gelierzucker (2:1)

Zubereitungszeit
10 Minuten
Ruhezeit
über Nacht
Garzeit
ca. 45 Minuten

Eine Portion (1 EL = 20 g) enthält
35 kcal/146 kJ
0 g Eiweiß
0 g Fett
10 g Kohlenhydrate
0 g Ballaststoffe

Zubereitung

1| Birnen waschen, putzen, grob würfeln. Himbeeren verlesen, vorsichtig waschen und mit den Birnen in einen mittelgroßen Topf geben. ½ Liter Wasser zugeben und zugedeckt aufkochen. Bei geringer Hitze ungefähr 40 Minuten ziehen lassen.

2| Ein großes Sieb mit einem nassen, jedoch gut ausgedrücktem Küchentuch auslegen und über eine große Schüssel hängen. Die Fruchtmischung in das Sieb gießen und über Nacht abtropfen lassen.

3| 900 ml Saft abmessen, eventuell mit kaltem Wasser auffüllen. Zusammen mit dem Gelierzucker in einen Topf geben und unter Rühren aufkochen lassen. Mindestens 3 Minuten sprudelnd kochen lassen.

4| Gelierprobe durchführen (siehe Küchentipp) und danach sofort in heiß ausgespülte Twist-Off-Gläser füllen.

Küchentipp
Machen Sie vor dem Befüllen der Gläser eine Gelierprobe. Hierfür stellen Sie zu Beginn des Marmeladenkochens einen kleinen Teller in das Gefrierfach. Geben Sie am Ende der Kochzeit einen kleinen Klecks der Marmelade auf den kalten Teller. Wenn die Marmelade geliert, können Sie sie abfüllen. Falls sie dünnflüssig bleibt, lassen Sie die Marmelade noch 1 bis 2 weitere Minuten köcheln. Als Gelierhilfe kann auch noch etwas Zitronensaft zur Marmelade gegeben werden.

Getränke und Smoothies

Ingwertee

Wärmt und schützt vor Erkältung

Zutaten für 2 Portionen

1 Stück frische Ingwerknolle (ca. 4 cm)
2 EL Zitronensaft
4 EL Kräuterteemischung
2 TL Honig

Zubereitungszeit
3 Minuten
Ziehzeit
6–8 Minuten
Garzeit
5 Minuten

Eine Portion enthält
24 kcal/102 kJ
0 g Eiweiß
0 g Fett
5 g Kohlenhydrate
0 g Ballaststoffe

Zubereitung

1| Ingwer in dünne Scheiben schneiden und zusammen mit 500 ml Wasser in einen kleinen Topf geben. Aufkochen und einige Minuten köcheln lassen. Teeblätter und Zitronensaft zufügen und 6 bis 8 Minuten ziehen lassen.

2| Blätter und Ingwer abseihen und mit dem Honig süßen.

Küchentipp
Wenn Ihnen der Tee zu scharf ist, geben Sie den Ingwer mit den Teeblättern in eine Teekanne und übergießen ihn mit kochendem Wasser. Lassen Sie den Tee 6 bis 8 Minuten ziehen und gießen Sie dann die Blätter und die Ingwerscheiben ab. Vor dem Servieren gießen Sie den Zitronensaft hinzu und süßen den Tee mit Honig.

Alkoholfreier Punsch

Wärmt von innen

Zutaten für 2 Portionen

2 EL loser Früchtetee
1 kleines Stück Vanilleschote
1 kleine Zimtstange
1 Nelke
200 ml roter Fruchtsaft, z. B. Kirsch, Johannisbeere, Traube

Zubereitungszeit
3 Minuten
Ziehzeit
10 Minuten

Eine Portion enthält
60 kcal/250 kJ
1 g Eiweiß
0 g Fett
12 g Kohlenhydrate
0 g Ballaststoffe

Zubereitung

1| Früchtetee in eine Schüssel geben. Vanilleschote der Länge nach halbieren und das Mark herauskratzen, zusammen mit der Schote, der Zimtstange und der Nelke zum Früchtetee geben.

2| Mit 500 ml kochendem Wasser aufgießen und 10 Minuten ziehen lassen.

3| Saft zugeben und den Tee durch ein Sieb abgießen und in zwei großen Teetassen servieren.

Heiße Zimtschokolade

Für Kinder und Erwachsene

Zutaten für 2 Portionen

350 ml Milch, 1,5 % Fett
1 Zimtstange
1 geh. EL Kakao

Zubereitungszeit
ca. 5 Minuten

Eine Portion enthält
106 kcal/441 kJ
7 g Eiweiß
4 g Fett
9 g Kohlenhydrate
2 g Ballaststoffe

Zubereitung

1| 250 ml Milch mit der Zimtstange in einen kleinen Topf geben und zum Kochen bringen. Kakaopulver mit einem Schneebesen unter die kochende Milch rühren. Zimtschokolade kurz ziehen lassen.

2| Restliche Milch mit einem Milchaufschäumer aufschäumen. Zimtschokolade durch ein Sieb in zwei Tasse gießen und mit dem Milchschaum garniert servieren.

Chai-Schokolade

West trifft Ost

Zutaten für 2 Portionen

1 EL dunkles Kakaopulver
1 EL Zucker
½ Liter Milch, 1,5 % Fett
½ kleine Vanilleschote
2 Kardamomkapseln
½ TL Zimt
1 Stück Zartbitterschokolade (10 g)

Zubereitungszeit
5 Minuten
Garzeit
ca. 5 Minuten
Ziehzeit
½ Stunde

Eine Portion enthält
196 kcal/818 kJ
10 g Eiweiß
7 g Fett
23 g Kohlenhydrate
2 g Ballaststoffe

Zubereitung

1| Kakaopulver mit Zucker und 2 Esslöffeln Milch glatt rühren. 50 ml Milch zur Seite stellen. Restliche Milch in einen kleinen Topf geben. Vanilleschote der Länge nach aufschneiden, das Mark herauskratzen und zusammen mit der Schote zu der Milch geben. Die Kardamomkapseln mit dem Messerrücken andrücken und mit dem Zimt zur Milch geben. Aufkochen lassen und etwa eine halbe Stunde ziehen lassen.

2| Schokolade grob hacken. Die Gewürzmilch erneut erwärmen, jedoch nicht mehr kochen lassen. Die Schokolade und das angerührte Kakaopulver zugeben und unter Rühren schmelzen lassen. Restliche Milch erwärmen und mit einem Milchaufschäumer aufschäumen.

3| Chai-Schokolade durch ein Sieb in 2 Tassen füllen und mit der geschäumten Milch garniert servieren.

Fruchtige Bowle

Erfrischend an heißen Tagen

Zutaten für 2 Portionen

2 EL loser Früchtetee
2 Stängel Minze
100 ml Maracujasaft
100 ml Grapefruitsaft
1 Orange

Zubereitungszeit
3 Minuten
Ziehzeit
10 Minuten
Kühl- und Gefrierzeit
1½–2 Stunden

Eine Portion enthält
100 kcal/420 kJ
2 g Eiweiß
0 g Fett
18 g Kohlenhydrate
2 g Ballaststoffe

Zubereitung

1| Früchtetee mit 500 ml kochendem Wasser übergießen und etwa 10 Minuten ziehen lassen. Früchtetee durch ein Sieb gießen, fertigen Tee abkühlen lassen und kalt stellen. Die Minze waschen, Blättchen abzupfen. Die Hälfte des Grapefruit- und Maracujasaftes zusammen mit den Minzblättchen in einen Eiswürfelbereiter einfrieren.

2| Orange schälen, sodass die weiße Haut vollständig entfernt ist. Orangenfilets mit einem scharfen Messer herausschneiden und in mundgerechte Stücke schneiden.

3| Restliche Säfte mit dem Tee in eine Karaffe gießen, Orangenstücke zugeben, Safteiswürfel zugeben und gleich servieren.

Küchentipp
Wer die Bowle sprudelig mag, kann etwas kohlensäurehaltiges Mineralwasser zugießen.

Rhabarber-Limo

Ein idealer Durstlöscher

Zutaten für 2 Portionen

500 g Rhabarber
1 kleines Stück Ingwer (ca. 10 g)
1 EL brauner Zucker
300 ml kohlensäurehaltiges Mineralwasser

Zubereitungszeit
10 Minuten
Ziehzeit
20 Minuten
Garzeit
ca. 5 Minuten
Abkühlzeit
1 Stunde

Eine Portion enthält
71 kcal/296 kJ
1 g Eiweiß
0 g Fett
13 g Kohlenhydrate
0 g Ballaststoffe

Zubereitung

1| Rhabarber waschen, putzen, schälen und in etwa 2 cm große Stücke schneiden. Ingwer schälen und grob zerkleinern. Vorbereiteten Rhabarber, Ingwer und Zucker mit 125 ml Wasser zugedeckt bei milder Hitze langsam zum Kochen bringen, ungefähr 5 Minuten köcheln lassen, bis der Rhabarber zerfallen ist. 20 Minuten ziehen lassen und durch ein feines Sieb gießen.

2| Abkühlen lassen. Den kalten Rhabarbersaft mit Mineralwasser auffüllen und genießen.

Beeren-Smoothie

Erfrischend und vitalstoffreich

Zutaten für 2 Portionen

100 g Erdbeeren
100 g Himbeeren
50 g Heidelbeeren
2 Stängel Zitronenmelisse
300 ml Buttermilch

Zubereitungszeit
10 Minuten

Eine Portion enthält
96 kcal/400 kJ
6 g Eiweiß
1 g Fett
13 g Kohlenhydrate
6 g Ballaststoffe

Zubereitung

1| Beeren vorsichtig waschen, eventuell verlesen, große Erdbeeren vierteln. Zitronenmelisse waschen, abtrocknen, Blättchen abzupfen und zusammen mit den Beeren in ein hohes Gefäß geben.

2| Etwas Buttermilch zugießen und mit einem Pürierstab cremig mixen. Restliche Buttermilch zufügen und erneut kräftig mixen.

Vitaminshake

Zum Frühstück oder als Zwischenmahlzeit

Zutaten für 2 Portionen

2 Orangen
½ reife Mango
1 Becher Naturjoghurt, 1,5 % Fett (150 g)

Zubereitungszeit
10 Minuten

Eine Portion enthält
119 kcal/496 kJ
4 g Eiweiß
2 g Fett
20 g Kohlenhydrate
2 g Ballaststoffe

Zubereitung

Orangen halbieren und auspressen. Mangofruchtfleisch vom Stein entfernen und zusammen mit dem Orangensaft pürieren. Naturjoghurt zugeben und nochmals kräftig mixen.

Gesundheitstipp
Wenn Sie Mango nicht vertragen, können Sie alternativ eine reife Banane verwenden.

Bananenmilch plus

Mit feinem Aroma

Zutaten für 2 Portionen

½ Vanilleschote
400 ml Milch, 1,5 % Fett
1 reife Banane
2 EL Orangensaft

Zubereitungszeit
5 Minuten

Eine Portion enthält
169 kcal/250 kJ
8 g Eiweiß
3 g Fett
26 g Kohlenhydrate
1 g Ballaststoffe

Zubereitung

1| Vanilleschote der Länge nach aufschneiden, das Mark mit einem scharfen Messer herauskratzen. Banane schälen und in kleine Stücke schneiden.

2| Bananenstücke, Vanillemark, Orangensaft und etwas Milch in ein hohes Gefäß geben. Mit dem Pürierstab cremig mixen. Restliche Milch zugießen und nochmals kräftig pürieren.

Melonen-Smoothie

Ein perfektes Sommergetränk

Zutaten für 2 Portionen

500 g reife Galiamelone
etwas abgeriebene Bio-Zitronenschale
300 ml Kefir

Zubereitungszeit
10 Minuten

Eine Portion enthält
177 kcal/739 kJ
6 g Eiweiß
3 g Fett
29 g Kohlenhydrate
0 g Ballaststoffe

Zubereitung

1| Melone entkernen, Fruchtfleisch von der Schale schneiden und grob würfeln.

2| Zusammen mit der Zitronenschale und etwas Kefir in ein hohes Gefäß geben. Mit einem Pürierstab kräftig durchmixen, restlichen Kefir zugeben und erneut kräftig pürieren.

Küchentipp
Verwenden Sie unbedingt eine reife Melone, dann schmeckt der Smoothie richtig lecker. Reife Melonen erkennen Sie daran, dass die Schale auf Druck etwas nachgibt. Das Klopfen mit den Fingerknöcheln auf der Schale muss dumpf klingen.

Erdbeer-Smoothie

Frisch und fruchtig

Zutaten für 2 Portionen

300 g reife Erdbeeren
½ Vanilleschote
2 Stängel Zitronenmelisse
400 ml Buttermilch

Zubereitungszeit
10 Minuten

Eine Portion enthält
116 kcal/483 kJ
8 g Eiweiß
2 g Fett
16 g Kohlenhydrate
3 g Ballaststoffe

Zubereitung

1| Erdbeeren vorsichtig waschen, abtrocknen, putzen und vierteln. Vanilleschote der Länge nach halbieren und das Mark herauskratzen. Zitronenmelisse waschen, Blättchen abzupfen und fein hacken.

2| Alles in ein hohes Gefäß geben, einen Schuss Buttermilch zugeben und mit einem Pürierstab zerkleinern. Restliche Buttermilch zugießen und kräftig durchmixen. In 2 hohe Gläser füllen und gleich servieren.

Küchentipp
Vanillezucker können Sie ganz einfach selbst machen. Die ausgekratzte Vanilleschote zusammen mit Zucker in ein Schraubglas füllen und einige Tage stehen lassen.

Salate

Bunter Blattsalat

Knackig frisch

Zutaten für 2 Portionen

1 kleiner Kopf Blattsalat, z. B. Kopfsalat
4 Radieschen
4 Cocktailtomaten
1 EL Olivenöl
1 EL Essig oder Zitronensaft
Salz
Pfeffer
1 Prise Zucker oder ½ TL flüssiger Honig
½ TL Senf
1 EL geh. frische Kräuter, z. B. Petersilie, Kerbel

Zubereitungszeit

10 Minuten

Eine Portion enthält
90 kcal/376 kJ
1 g Eiweiß
8 g Fett
3 g Kohlenhydrate
1 g Ballaststoffe

Zubereitung

1| Blattsalat putzen, waschen und gut abtropfen lassen oder in einer Salatschleuder trocken schleudern.

2| Radieschen und Cocktailtomaten waschen, Radieschen putzen und in schmale Scheiben schneiden. Cocktailtomaten vierteln.

3| Aus Öl, Essig oder Zitronensaft, Salz, Pfeffer, Zucker oder Honig und Senf ein Dressing herstellen. Die gehackten Kräuter untermengen und mit den vorbereiteten Salatzutaten vermengen.

Gesundheitstipp
Bei Durchfällen sollten Sie besser auf frische Salate verzichten.

Feldsalat mit marinierten Orangenfilets

Vitaminreicher Wintersalat

Zutaten für 2 Portionen

100 g Feldsalat
1 Bio-Orange
2 Stängel Kerbel
1 EL Walnussöl
1 EL Naturjoghurt, 1,5 % Fett
1 TL Senf
Salz
Pfeffer

Zubereitungszeit
10 Minuten

Eine Portion enthält
121 kcal/507 kJ
2 g Eiweiß
9 g Fett
8 g Kohlenhydrate
3 g Ballaststoffe

Zubereitung

1| Feldsalat putzen, in kaltem Wasser waschen, in der Salatschleuder trocken schleudern.

2| Orange heiß waschen, die Schale auf einer Küchenreibe abreiben, Orange filetieren und die Filets mit einem scharfen Messer über einer Schüssel herausschneiden, den Saft dabei in der Schüssel auffangen.

3| Kerbel waschen, abtrocknen und die Blättchen fein hacken.

4| Öl, Joghurt, Senf und Kerbel zu dem Orangensaft in die Schüssel geben, mit Salz und Pfeffer würzen und zu einem Dressing verrühren.

5| Feldsalat und Orangenfilets auf 2 Tellern anrichten und mit dem Dressing beträufelt servieren.

Gesundheitstipp
Bei Durchfällen sollten Sie besser auf frische Salate verzichten.

Rucola mit Erdbeeren und Gorgonzola

Raffiniert anders

Zutaten für 2 Portionen

2 Handvoll Rucolasalat
100 g Erdbeeren
1 EL Olivenöl
1 EL Balsamicoessig
Salz
Pfeffer
1 Prise Zucker
1 kleines Stück Gorgonzola (ca. 30 g)

Zubereitungszeit
10 Minuten

Eine Portion enthält
127 kcal/530 kJ
3 g Eiweiß
11 g Fett
4 g Kohlenhydrate
2 g Ballaststoffe

Zubereitung

1| Salat waschen, verlesen, in einer Salatschleuder trocken schleudern oder gut abtropfen lassen, in mundgerechte Stücke schneiden. Erdbeeren waschen, putzen, halbieren und vierteln.

2| Öl, Essig, Salz, Pfeffer und Zucker zum Dressing verrühren. Gorgonzola in kleine Würfel schneiden.

3| Salat und Erdbeeren auf einer Platte anrichten, Gorgonzolawürfel darüberstreuen und mit dem Dressing beträufeln.

Gesundheitstipp
Bei Durchfällen sollten Sie besser auf frische Salate verzichten.

Tomatensalat mit Schafskäse

Sehr aromatisch

Zutaten für 2 Portionen

400 g bunte Cocktailtomaten
4 Stängel Basilikum
1 Handvoll Rucola
1 Stück Schafs- oder Ziegenkäse (50 g)
1 EL Olivenöl
1 EL Balsamicoessig
Salz
Pfeffer

Zubereitungszeit
10 Minuten

Eine Portion enthält
169 kcal/706 kJ
6 g Eiweiß
13 g Fett
6 g Kohlenhydrate
2 g Ballaststoffe

Zubereitung

1| Tomaten waschen, halbieren. Basilikum und Rucola waschen, trocken schütteln, Blättchen abzupfen und Rucola verlesen. Beides fein hacken und mit den Tomaten in einer Schüssel vermengen. Käse in grobe Würfel schneiden und über den Tomaten verteilen.

2| Aus Öl, Essig, Salz und Pfeffer ein Dressing herstellen und über den Tomatensalat träufeln.

Gesundheitstipp
Wenn Sie Schafskäse nicht vertragen, können Sie ihn gegen eine für Sie bekömmlichere Sorte austauschen.

Kisir

Türkische Spezialität

Zutaten für 2 Portionen

120 g Bulgur
Salz
3 mittelgroße Tomaten
1 Stange Staudensellerie (ca. 150 g)
1 EL Olivenöl
1 EL Zitronensaft
Pfeffer
1 EL Tomatenmark
½ kleines Bund Petersilie

Zubereitungszeit
10 Minuten
Quellzeit und Marinierzeit
ca. 40 Minuten

Eine Portion enthält
324 kcal/1355 kJ
10 g Eiweiß
9 g Fett
48 g Kohlenhydrate
6 g Ballaststoffe

Zubereitung

1| Bulgur in eine Schüssel geben und 250 ml Wasser zum Kochen bringen. Kochendes Wasser über den Bulgur gießen, salzen und etwa 10 Minuten quellen lassen.

2| Tomaten und Staudensellerie waschen und putzen. Tomaten halbieren, den Strunk entfernen und die Tomaten in kleine Würfel schneiden. Staudensellerie in schmale Scheiben schneiden.

3| Aus Öl, Zitronensaft, Salz, Pfeffer und Tomatenmark ein Dressing herstellen. Petersilie waschen, trocken schütteln, Blättchen abzupfen und fein hacken.

4| Bulgur, Tomaten und Staudensellerie in einer Schüssel mit dem Dressing und den Kräutern vermengen, 30 Minuten ziehen lassen und bei Bedarf nochmals nachwürzen.

Gesundheitstipp
Bei Durchfällen sollten Sie besser auf frische Salate verzichten.

Apfel-Brokkoli-Salat

Eine fruchtige Kombination

Zutaten für 2 Portionen

300 g Brokkoli
Salz
1 Apfel
2 EL Zitronensaft
1 EL Walnussöl
Pfeffer
1 TL Honig
1 TL Senf

Zubereitungszeit
15 Minuten
Garzeit
ca. 8 Minuten

Eine Portion enthält
152 kcal/636 kJ
5 g Eiweiß
9 g Fett
13 g Kohlenhydrate
6 g Ballaststoffe

Zubereitung

1| Brokkoli waschen, putzen und in mundgerechte Stücke zerteilen. Strunk schälen und in etwa 2 cm große Würfel schneiden. Salzwasser zum Kochen bringen, die Würfel in das kochende Wasser geben und etwa 5 Minuten köcheln lassen. Die Brokkoliröschen zugeben und weitere 2 bis 3 Minuten köcheln lassen. Mit einem kleinen Messerchen prüfen, ob der Stiel der Röschen und die Strunkwürfel weich sind. Abgießen und sofort in Eiswasser geben, damit die Farbe erhalten bleibt.

2| Apfel waschen, abtrocknen, halbieren, Kerngehäuse, Stiel und Blütenrest entfernen, Apfelhälften auf einer Küchenreibe grob raspeln. Sofort mit 1 Esslöffel Zitronensaft beträufeln.

3| Aus Öl, dem restlichen Zitronensaft, Salz, Pfeffer, Honig und Senf ein Dressing herstellen. Brokkoli und Apfelraspel in eine Schüssel geben und vorsichtig mit dem Dressing vermengen.

Rote-Bete-Salat mit Birnen

Die unterschätzte Knolle, unbedingt ausprobieren

Zutaten für 2 Portionen

300 g Rote Bete
1 EL Zitronensaft
1 EL Walnussöl
1 TL Ahornsirup
Salz
Pfeffer
1 reife Birne
½ Kästchen Kresse

Zubereitungszeit
15 Minuten
Garzeit
30–50 Minuten

Eine Portion enthält
185 kcal/772 kJ
3 g Eiweiß
8 g Fett
25 g Kohlenhydrate
6 g Ballaststoffe

Zubereitung

1| Rote Bete waschen, vorhandenes Grün abschneiden, jedoch 2 bis 3 cm stehen lassen, das verhindert das Ausbluten beim Kochen. Einen Dämpftopf zu ⅓ mit Wasser füllen, Dämpfeinsatz einhängen und die Rote-Bete-Knollen hineingeben. Wasser zum Kochen bringen und 30 bis 50 Minuten garen (siehe Tipp). Am Ende der Garzeit die Rote Bete kurz abkühlen lassen, dann mit einem Küchenmesser schälen. Rote Bete in dünne Scheiben schneiden.

2| Aus Zitronensaft, Öl, Ahornsirup, Salz und Pfeffer ein Dressing herstellen. Kresse abschneiden, kurz waschen und gut abtropfen lassen.

3| Birne waschen, halbieren, Blüte und Kerngehäuse entfernen und Birnenhälften in dünne Spalten schneiden.

4| Rote-Bete-Scheiben und Birnenspalten auf einem Teller anrichten, mit dem Dressing beträufeln und mit der Kresse garnieren.

Küchentipp
Ziehen Sie beim Verarbeiten der Roten Bete Einmalhandschuhe an, denn dieses Gemüse färbt sehr stark ab. Beim Waschen der Knollen darauf achten, dass die Schale nicht verletzt wird. Vorsichtig mit Küchenpapier von Erde und Dreck befreien. Je nach Größe der Knollen variiert die Garzeit zwischen 30 und 50 Minuten. Testen Sie, ob die Knolle gar ist, indem Sie mit einem Messerchen hineinstechen und prüfen, ob es leicht bis in die Mitte gleitet. Wenn es mal schnell gehen muss, erhalten Sie Rote Bete vorgekocht und vakuumiert im Supermarkt.

Gekochter Karottensalat

Besonders gut verträglich

Zutaten für 2 Portionen

4 mittelgroße Karotten
1 TL Gemüsebrühe
1 EL Rapsöl
1 EL Essig
Salz
Pfeffer
Zucker
2 Stängel Petersilie

Zubereitungszeit
10 Minuten
Garzeit
10–15 Minuten

Eine Portion enthält
137 kcal/573 kJ
2 g Eiweiß
8 g Fett
13 g Kohlenhydrate
9 g Ballaststoffe

Zubereitung

1| Karotten gründlich waschen, putzen, schälen und in etwa 2 cm dicke Scheiben schneiden. Einen kleinen Topf zur Hälfte mit Wasser füllen und zusammen mit der Gemüsebrühe aufkochen lassen. Karottenscheiben zugeben und in 10 bis 15 Minuten weich kochen. ½ kleines Glas Gemüsefond auffangen, restliches Kochwasser weggießen.

2| Aus Öl, Essig, etwas Gemüsefond und den Gewürzen ein Dressing herstellen. Petersilie waschen, abtrocknen, Blättchen abzupfen und fein schneiden. Die Karottenscheiben mit dem Dressing begießen, Petersilie darüberstreuen und etwa 30 Minuten durchziehen lassen.

Gesundheitstipp
Dieser Salat ist auch bei Durchfällen oft gut verträglich. Das Öl sollten Sie jedoch besser weglassen.

Grüne-Bohnen-Salat

Auch für empfindliche Mägen

Zutaten für 2 Portionen

400 g junge grüne Bohnen
Salz
2 Stängel Bohnenkraut
Pfeffer
1 EL Rapsöl
1 EL Essig
1 TL Senf
1 Prise Zucker

Zubereitungszeit
10 Minuten
Garzeit
ca. 10 Minuten

Eine Portion enthält
126 kcal/527 kJ
5 g Eiweiß
9 g Fett
7 g Kohlenhydrate
6 g Ballaststoffe

Zubereitung

1| Bohnen waschen, putzen und in etwa 3 cm lange Stücke schneiden. Salzwasser zum Kochen bringen und die Bohnenstücke und das Bohnenkraut darin 10 Minuten kochen. Am Ende der Garzeit Bohnen abgießen, mit kaltem Wasser abschrecken und abtropfen lassen.

2| Aus Öl, Essig, Senf, Salz, Pfeffer und Zucker ein Dressing herstellen und über die gegarten Bohnen gießen. Salat etwa 20 Minuten marinieren lassen.

Gesundheitstipp
Feine grüne Bohnen werden oft gut vertragen. Um die Verträglichkeit von Bohnen zu verbessern, können Sie sie vor dem Garen in kaltem Wasser einweichen und dem Dressing etwas gemahlenen Kümmel hinzufügen.

Selleriesalat

Fruchtig frisch

Zutaten für 2 Portionen

3 Stangen Staudensellerie (ca. 250 g)
1 rotschaliger Apfel
1 EL Zitronensaft
1 EL Buttermilch
1 TL Walnussöl
1 EL Apfelmus
Salz
Pfeffer
1 TL Senf

Zubereitungszeit
10 Minuten

Eine Portion enthält
91 kcal/379 kJ
2 g Eiweiß
4 g Fett
12 g Kohlenhydrate
4 g Ballaststoffe

Zubereitung

1| Staudensellerie waschen, putzen und in schmale Scheiben schneiden. Selleriegrün fein hacken. Apfel waschen, abtrocknen, halbieren, Blüte und Kerngehäuse entfernen und Apfelhälften in kleine Würfel schneiden. Apfelwürfel sofort mit Zitronensaft beträufeln.

2| Aus Buttermilch, Öl, Apfelmus, Salz, Pfeffer und Senf ein Dressing herstellen. Vorbereitete Salatzutaten mit dem Dressing vermengen.

Nudelsalat

Perfekt für die Party

Zutaten für 2 Portionen

120 g Pasta, z. B. Farfalle
Salz
2 reife Flaschentomaten
10 bunte Cocktailtomaten
1 Handvoll Rucola
2 Stängel Basilikum
1 EL Olivenöl
1 EL Balsamicoessig
1 EL Frischkäse, fettreduziert
1 TL Tomatenmark
Pfeffer
1 Stück Parmesan (ca. 40 g)

Zubereitungszeit
15 Minuten
Garzeit
ca. 9 Minuten
Marinierzeit
ca. 30 Minuten

Eine Portion enthält
424 kcal/1772 kJ
17 g Eiweiß
18 g Fett
47 g Kohlenhydrate
5 g Ballaststoffe

Zubereitung

1| Reichlich Salzwasser zum Kochen bringen und die Pasta nach Packungsanweisung al dente garen. 3 bis 4 Esslöffel des Nudelwassers vor dem Abgießen der Nudeln zur Seite stellen. Tomaten waschen, Flaschentomaten halbieren, den Strunk entfernen und in mundgerechte Stücke schneiden. Cocktailtomaten halbieren und vierteln.

2| Rucola waschen, verlesen und in mundgerechte Stücke schneiden. Basilikum waschen, abtrocknen, Blättchen abzupfen und in feine Streifen schneiden.

3| Aus Öl, Essig, Rucola, Basilikum, Frischkäse, Tomatenmark, Nudelwasser, Pfeffer und Salz ein Dressing herstellen.

4| Parmesan auf einer Küchenreibe grob raspeln und zusammen mit den Nudeln, Tomaten und dem Dressing vermischen. Salat ungefähr 30 Minuten ziehen lassen, bei Bedarf nochmals abschmecken.

Gesundheitstipp
Erhöhen Sie den Anteil an Ballaststoffen, indem Sie Vollkornpasta verwenden.

Kritharaki-Hackfleisch-Salat

Origineller Nudelsalat

Zutaten für 2 Portionen

150 g Kritharaki-Nudeln
Salz
2 Stangen Staudensellerie (ca. 250 g)
2 reife Tomaten
1 TL Olivenöl
100 g gemischtes Hackfleisch
2 EL Tomatenmark
Salz
Pfeffer
1 EL Olivenöl
1 EL Balsamicoessig
2 Stängel Basilikum
2 Zweige Oregano
2 Zweige Thymian
1 Prise Zucker

Zubereitungszeit
10 Minuten
Garzeit
ca. 15 Minuten
Marinierzeit
ca. 30 Minuten

Eine Portion enthält
527 kcal/2201 kJ
26 g Eiweiß
19 g Fett
62 g Kohlenhydrate
8 g Ballaststoffe

Zubereitung

1| Nudeln nach Packungsanweisung in Salzwasser al dente garen. Beim Abgießen der Nudeln 50 ml Nudelwasser auffangen und zur Seite stellen.

2| Gemüse waschen. Staudensellerie putzen und in schmale Ringe schneiden. Tomaten halbieren, Strunk entfernen und Tomatenhälften in etwa 1 cm große Würfel schneiden.

3| Öl in einer beschichteten Pfanne erhitzen, Hackfleisch zugeben und krümelig braten. Tomatenmark zugeben und einige Minuten mitgaren. Vorbereitete Gemüsestücke zugeben und einige Minuten mitdünsten, salzen und pfeffern.

4| Hack-Gemüse-Mischung zusammen mit den Nudeln in eine Schüssel geben und mit Öl, Essig, Salz, Pfeffer und Zucker abschmecken, falls nötig noch etwas Nudelwasser zugeben.

5| Kräuter waschen, trocken schütteln, Blättchen abzupfen und fein hacken. Kräuter unter den Nudelsalat mischen und etwa 30 Minuten ziehen lassen.

Küchentipp

Kritharaki sind griechische Nudeln aus Hartweizengrieß und Wasser. Die Form erinnert an Langkorn-Reis. Man findet sie in griechischen und türkischen Lebensmittelläden und gut sortierten Supermärkten.

Dips, Dressings & Saucen

Tomatendip

Einfach und schnell

Zutaten für 2 Portionen

2 getr. Tomaten, in Öl eingelegt, gut abgetropft
2 Stängel Basilikum
5 EL Frischkäse, fettreduziert
1½ EL Milch, 1,5 % Fett
1 TL Tomatenmark
Salz
Pfeffer
½ TL Balsamicoessig

Zubereitungszeit
ca. 5 Minuten

Eine Portion enthält
167 kcal/698 kJ
7 g Eiweiß
14 g Fett
3 g Kohlenhydrate
0 g Ballaststoffe

Zubereitung

1| Tomaten in schmale Streifen schneiden. Basilikum waschen, trocken schütteln, Blätter abzupfen und in feine Streifen schneiden. Frischkäse mit Milch glatt rühren, Tomatenmark, Tomatenstreifen und Basilikum untermengen und mit einem Pürierstab fein zerkleinern.

2| Dip mit Salz, Pfeffer und Essig abschmecken.

Grüner Dip

Nicht nur lecker zu Ofenkartoffeln

Zutaten für 2 Portionen

1 Zucchini (ca. 120 g)
1 Stange Staudensellerie
2 Stängel Petersilie
1 Stängel Kerbel
½ Pck. Magerquark (ca. 125 g)
1 Schuss kohlensäurehaltiges Mineralwasser
Salz
Pfeffer

Zubereitungszeit
10 Minuten

Eine Portion enthält
63 kcal/264 kJ
10 g Eiweiß
0 g Fett
4 g Kohlenhydrate
1 g Ballaststoffe

Zubereitung

1| Gemüse waschen, putzen und in sehr kleine Würfelchen schneiden. Kräuter waschen, trocken schütteln, Blättchen abzupfen und fein hacken.

2| Quark und Mineralwasser mit einem Schneebesen cremig rühren, salzen, pfeffern und mit dem vorbereiteten Gemüse und den Kräutern vermengen.

Grüne Sauce nach Frankfurter Art

Ein Klassiker leicht abgewandelt

Zutaten für 2 Portionen

1 Stängel Borretsch
½ Kästchen Kresse
1 Stängel Kerbel
1 Stängel Petersilie
1 Stängel Pimpinelle
1 Zweig Sauerampfer
4 geh. EL Magerquark
1 EL saure Sahne
etwas kohlensäurehaltiges Mineralwasser
Salz
Pfeffer

Zubereitungszeit
ca. 10 Minuten

Eine Portion enthält
58 kcal/244 kJ
9 g Eiweiß
1 g Fett
3 g Kohlenhydrate
0 g Ballaststoffe

Zubereitung

Kräuter waschen, trocken schütteln, Blättchen abzupfen oder Kresse abschneiden. Alle Kräuter fein hacken. Quark, Sahne und ein Schuss kohlensäurehaltiges Mineralwasser mit einem Rührbesen verrühren. Kräuter und Gewürze untermengen und abschmecken.

Gesundheitstipp
In der klassischen Grünen Sauce ist Schnittlauch enthalten. Das vertragen viele Menschen aber nicht und kommen besser mit dieser Variante der Frankfurter Sauce klar.

Honig-Senf-Dip

Besonders lecker zu gegrilltem Huhn und Fisch

Zutaten für 2 Portionen

3 EL Frischkäse, fettreduziert
2 EL Naturjoghurt, 1,5 % Fett
2 TL Zitronensaft
1½ EL dünnflüssiger Honig
2 EL Senf, z. B. mittelscharfer Senf
1 TL Dijonsenf
Salz
Pfeffer

Zubereitungszeit
ca. 5 Minuten

Eine Portion enthält
157 kcal/654 kJ
6 g Eiweiß
8 g Fett
14 g Kohlenhydrate
0 g Ballaststoffe

Zubereitung

Frischkäse, Joghurt, Zitronensaft und Honig glatt rühren. Senf, Salz und Pfeffer zugeben.

Frühlingsdressing

Ideal für Blattsalate

Zutaten für 2 Portionen

2 EL Kefir oder Buttermilch
1 TL Rapsöl
1 EL Weißweinessig
Salz
Pfeffer
1 Prise Zucker
1 Handvoll gem. Frühlingskräuter, z. B. Kresse, Petersilie, Dill, Kerbel

Zubereitungszeit
ca. 5 Minuten

Eine Portion enthält
40 kcal/168 kJ
1 g Eiweiß
3 g Fett
2 g Kohlenhydrate
0 g Ballaststoffe

Zubereitung

Aus Kefir, Öl, Essig und Gewürzen ein Dressing herstellen. Die Kräuter waschen, abtrocknen, Blättchen abzupfen und fein hacken. Kräuter unter das vorbereitete Dressing mischen.

Buttermilchdressing

Leicht und fruchtig

Zutaten für 2 Portionen

2 EL Buttermilch
1 EL Apfelsaft
1 TL Sojaöl
Salz
Pfeffer
1 EL Apfelmus (Glas)
1 Stängel frische Kräuter, z. B. Kerbel

Zubereitungszeit
ca. 5 Minuten

Eine Portion enthält
42 kcal/177 kJ
1 g Eiweiß
3 g Fett
3 g Kohlenhydrate
0 g Ballaststoffe

Zubereitung

Buttermilch, Apfelsaft, Öl, Gewürze und Apfelmus mit einer Gabel kräftig verquirlen. Kräuter waschen, abtrocknen, Blättchen abzupfen und fein hacken. Unter das Dressing rühren.

Himbeerdressing

Sehr fein zu Feldsalat

Zutaten für 2 Portionen

100 g Himbeeren
1 EL Rapsöl
2 EL weißer Balsamicoessig
Salz
Pfeffer
2 Stängel Zitronenmelisse

Zubereitungszeit
10 Minuten

Eine Portion enthält
91 kcal/379 kJ
1 g Eiweiß
8 g Fett
3 g Kohlenhydrate
1 g Ballaststoffe

Zubereitung

1| Himbeeren verlesen, vorsichtig waschen, abtropfen lassen. Himbeeren in ein hohes Gefäß geben, Öl, Essig und 2 Esslöffel Wasser zugeben. Mit einem Pürierstab fein pürieren, würzen und durch ein feines Sieb streichen.

2| Zitronenmelisse waschen, trocken schütteln, Blättchen abzupfen, fein hacken und unter das Dressing mengen.

Senfdressing

Besonders fein durch Dijonsenf

Zutaten für 2 Portionen

1 EL Walnussöl
1 EL Weißweinessig
1 TL Dijonsenf
1 TL flüssiger Honig, z. B. Akazie
Salz
Pfeffer
1 EL frische Kräuter, z. B. Petersilie

Zubereitungszeit
ca. 5 Minuten

Eine Portion enthält
85 kcal/355 kJ
0 g Eiweiß
8 g Fett
3 g Kohlenhydrate
0 g Ballaststoffe

Zubereitung

Alle Zutaten zu einem Dressing verrühren und abschmecken.

Tomatensauce

Am besten mit saisonalen Tomaten

Zutaten für 2 Portionen

500 g reife Tomaten
1 EL Olivenöl
1 EL Tomatenmark
400 ml Wasser
½ kleines Bund gem. Kräuter, z. B. Basilikum, Thymian, Oregano, Rosmarin
Salz
Pfeffer
1 Prise Zucker
1 Schuss Balsamicoessig

Zubereitungszeit
ca. 5 Minuten
Garzeit
ca. 35 Minuten

Eine Portion enthält
126 kcal/526 kJ
3 g Eiweiß
9 g Fett
9 g Kohlenhydrate
3 g Ballaststoffe

Zubereitung

1| Tomaten waschen, halbieren, Strunk entfernen und Tomatenhälften grob würfeln. Olivenöl erhitzen, Tomatenwürfel darin anschwitzen, Tomatenmark zugeben und etwas mitdünsten. Mit Wasser ablöschen, mit den Gewürzen und dem Essig abschmecken und etwa 30 Minuten köcheln lassen.

2| Kräuter waschen, abtrocknen, Blättchen oder Nadeln abzupfen und fein wiegen.

3| Am Ende der Garzeit Kräuter zugeben, mit einem Pürierstab cremig mixen und bei Bedarf nochmals abschmecken.

Küchentipp
Die Sauce wird sämiger, wenn Sie die Tomatenmasse durch ein feines Küchensieb streichen.

Spinatsauce

Köstlich zu Nudeln

Zutaten für 2 Portionen

250 g Spinat, TK
½ Pck. Kräuterfrischkäse, fettreduziert (120 g)
1 EL Zitronensaft
Salz
Pfeffer
Muskatnuss

Zubereitungszeit
ca. 5 Minuten
Garzeit
ca. 10 Minuten

Eine Portion enthält
192 kcal/802 kJ
11 g Eiweiß
15 g Fett
3 g Kohlenhydrate
3 g Ballaststoffe

Zubereitung

1| Spinat gefroren in einen kleinen Topf geben, 2 bis 3 Esslöffel Wasser zugeben und unter Rühren köcheln lassen. Frischkäse zugeben und mit Zitronensaft und den Gewürzen abschmecken.
2| Falls die Sauce zu dick ist, noch etwas Wasser oder Milch zugießen.

Dillsauce

Ideal zu Fischgerichten

Zutaten für 2 Portionen

½ kleines Bund Dill
1 EL Butter oder Rapsöl
1 EL Weizenmehl, Typ 550
100 ml Fischfond, Glas
100 ml Milch, 1,5 % Fett
Salz
Pfeffer

Zubereitungszeit
ca. 5 Minuten
Garzeit
ca. 5 Minuten

Eine Portion enthält
116 kcal/487 kJ
3 g Eiweiß
9 g Fett
7 g Kohlenhydrate
0 g Ballaststoffe

Zubereitung

1| Dill waschen, trocken schütteln, Blättchen abzupfen und fein hacken.

2| Fett in einem kleinen Topf schmelzen lassen, Mehl darüberstreuen und mit einem Schneebesen verrühren. Mit dem Fischfond ablöschen und unter Rühren aufkochen lassen, unter weiterem Rühren die Milch zugießen und eine Minute sprudelnd kochen lassen.

3| Sauce mit Salz und Pfeffer abschmecken.

Gemüsesauce

Lecker zu Nudeln und Kartoffeln

Zutaten für 2 Portionen

1 mittelgroße Karotte
1 kleine Zucchini
2 Stangen Staudensellerie
2 Stängel Selleriegrün
1 EL Rapsöl
50 ml Gemüsebrühe
50 ml Milch, 1,5 % Fett
1 EL Frischkäse, fettreduziert
Salz
Pfeffer

Zubereitungszeit
ca. 10 Minuten
Garzeit
ca. 10 Minuten

Eine Portion enthält
152 kcal/635 kJ
5 g Eiweiß
11 g Fett
8 g Kohlenhydrate
5 g Ballaststoffe

Zubereitung

1| Gemüse waschen, putzen, Karotte schälen und alle Gemüsesorten in schmale Scheiben schneiden. Das Selleriegrün waschen, trocken schütteln und fein hacken. Öl in einem kleinen Topf erhitzen und die Gemüsescheiben darin andünsten.

2| Mit der Gemüsebrühe und der Milch ablöschen und aufkochen lassen, Frischkäse zugeben und schmelzen lassen. Sauce mit Gewürzen und vorbereiteten Kräutern abschmecken.

Suppen und Eintöpfe

Spargelcremesuppe

Saisonales Suppenhighlight

Zutaten für 2 Portionen

250 g grüner Spargel
½ Zitrone
½ Liter Wasser
1 Stängel Petersilie
1 EL Butter oder Diätmargarine
1 EL Dinkelmehl, Type 630, oder Weizenmehl, Type 550
Salz
Pfeffer
Worcestersauce

Zubereitungszeit
ca. 10 Minuten
Garzeit
ca. 20 Minuten

Eine Portion enthält
98 kcal/410 kJ
3 g Eiweiß
7 g Fett
6 g Kohlenhydrate
2 g Ballaststoffe

Zubereitung

1| Spargelstangen waschen, putzen, unteres Drittel schälen und den Spargel in etwa 2 cm lange Stücke schneiden. Zitrone auspressen. Einen halben Liter Wasser zum Kochen bringen, salzen und die Spargelstücke darin 10 bis 15 Minuten garen. Spargelstücke abschöpfen und Spargelsud zur Seite stellen. Petersilie waschen, abtrocknen, Blättchen abzupfen und fein schneiden.

2| In einem kleinen Topf Butter oder Margarine schmelzen lassen, Mehl darüberstäuben und mit einem Schneebesen kräftig verrühren. Unter weiterem Rühren etwas Spargelsud angießen, aufkochen lassen, etwas andicken lassen und nach und nach restlichen Sud zugeben. Sprudelnd kochen lassen und mit Zitronensaft, Salz, Pfeffer, Worcestersauce und Petersilie abschmecken.

3| Spargelstücke in die Suppe geben und bei Bedarf nochmals erwärmen.

Tomatensuppe mit Muschelnudeln

Ein schnelles Essen

Zutaten für 2 Portionen

4 reife Flaschentomaten
1 EL Olivenöl
1 EL Tomatenmark
Salz
Pfeffer
Zucker
1 TL Balsamicoessig
2 Stängel Basilikum
3 EL kleine Muschelnudeln

Zubereitungszeit
10 Minuten
Garzeit
20 Minuten

Eine Portion enthält
203 kcal/850 kJ
6 g Eiweiß
9 g Fett
25 g Kohlenhydrate
4 g Ballaststoffe

Zubereitung

1| Tomaten waschen, halbieren, den Strunk herausschneiden und die Tomatenhälften grob würfeln. Öl bei milder Hitze kurz erwärmen, Tomatenmark zugeben und einige Minuten andünsten. Tomatenwürfel zugeben und ebenfalls einige Minuten mitdünsten. Mit 800 ml Wasser ablöschen, aufkochen lassen und mit den Gewürzen und dem Essig abschmecken.

2| Basilikumblätter abzupfen, waschen und in feine Streifen schneiden. Suppe etwa 10 Minuten köcheln lassen, am Ende der Garzeit durch ein feines Sieb streichen und erneut in den Topf geben.

3| Nudeln in die Suppe geben, in etwa 10 Minuten al dente kochen und bei Bedarf nochmals Suppe abschmecken.

Zucchinicremesuppe mit Kräuter-Frischkäse-Bällchen

Pfiffig-sommerlich

Zutaten für 2 Portionen

2 mittelgroße Zucchini
1 mittelgroße Kartoffel
1 EL Rapsöl
400 ml Gemüsefond, Glas
1 kleines Glas Milch, 1,5 % Fett
Salz
Pfeffer
1 Handvoll frische Kräuter, z. B. Petersilie, Kerbel
1 EL Frischkäse, fettreduziert

Zubereitungszeit
10 Minuten
Garzeit
25 Minuten

Eine Portion enthält
205 kcal/858 kJ
9 g Eiweiß
12 g Fett
14 g Kohlenhydrate
3 g Ballaststoffe

Zubereitung

1| Zucchini und Kartoffel waschen, Zucchini putzen, Kartoffel schälen und beides grob würfeln. Öl in einen Topf geben, erhitzen und die Gemüsewürfel darin glasig andünsten. Mit Gemüsefond ablöschen, Milch zugeben und aufkochen lassen. Mit Salz und Pfeffer abschmecken.

2| Die Kräuter waschen, Blättchen abzupfen und fein hacken. Frischkäse zu kleinen Kugeln formen und in den gehackten Kräutern wenden.

3| Nach ungefähr 20 Minuten Garzeit die Suppe mit einem Pürierstab cremig mixen. Suppe bei Bedarf nochmals abschmecken und mit den Frischkäsebällchen garniert servieren.

Kürbissuppe mit Zimt-Croutons

Preiswert, schnell und köstlich

Zutaten für 2 Portionen

1 Stück Hokkaidokürbis (ca. 500 g)
1 Stück Wurzelgemüse, z. B. Petersilienwurzel, Karotte oder Sellerie (ca. 150 g)
2 TL Rapsöl
½ Liter Gemüsebrühe
½ kleines Glas Milch, 1,5 % Fett
Salz
Pfeffer
Muskatnuss
2 Scheiben Vollkorntoast
1 TL Butter
½ TL Zimt

Zubereitungszeit
ca. 15 Minuten
Garzeit
ca. 25 Minuten

Eine Portion enthält
260 kcal/1085 kJ
9 g Eiweiß
11 g Fett
30 g Kohlenhydrate
10 g Ballaststoffe

Zubereitung

1| Kürbis und Wurzelgemüse waschen. Kürbis halbieren, Kürbiskerne und Fasern entfernen. Wurzelgemüse schälen. Beide Gemüsesorten grob würfeln. Öl in einem mittelgroßen Topf erhitzen und die Gemüsewürfel darin andünsten. Brühe zugeben und aufkochen lassen, kräftig mit den Gewürzen abschmecken und etwa 20 Minuten köcheln lassen.

2| Toastbrot in etwa 2 cm große Würfel schneiden, Butter in einer kleinen Pfanne schmelzen lassen und die Toastbrotwürfel mit dem Zimt zugeben. Unter Rühren zu knusprigen Croutons braten lassen.

3| Die Suppe mit einem Pürierstab cremig mixen, Milch zugeben und bei Bedarf nochmals abschmecken. Mit den Zimtcroutons garniert servieren.

Maronen-Suppe

Für Maronenfans

Zutaten für 2 Portionen

1 Petersilienwurzel (ca. 200 g)
1 mittelgroße Kartoffel
1 EL Rapsöl
200 g Maronen, vakuumiert
200 ml Geflügelfond, Glas
1 kleines Glas Milch, 1,5 % Fett
Salz
Pfeffer
Zimt
Worcestersauce
2 Stängel Zitronenmelisse

Zubereitungszeit
10 Minuten
Garzeit
25 Minuten

Eine Portion enthält
341 kcal/1425 kJ
7 g Eiweiß
13 g Fett
47 g Kohlenhydrate
13 g Ballaststoffe

Zubereitung

1| Petersilienwurzel und Kartoffel waschen, schälen und in grobe Würfel schneiden. Öl in einem mittelgroßen Topf erhitzen und die Gemüsewürfel mit den Maronen darin andünsten. Mit dem Geflügelfond und 200 ml Wasser ablöschen, Milch zugießen und mit den Gewürzen abschmecken. Suppe etwa 15 bis 20 Minuten köcheln lassen.

2| Zitronenmelisse waschen, Blättchen abzupfen und fein hacken.

3| Suppe mit einem Pürierstab cremig mixen und nochmals abschmecken. Mit der gehackten Zitronenmelisse garnieren.

Küchentipp
Vegetarier ersetzen den Geflügelfond einfach durch Gemüsefond.

Rote-Bete-Suppe

Mit frischer Orangennote

Zutaten für 2 Portionen

1 Bio-Orange
2 Stängel Petersilie
250 g Rote-Bete-Knolle, vakuumiert
1 EL Rapsöl
500 ml Geflügelfond, Glas
Salz
Pfeffer
1 EL Frischkäse, fettreduziert

Zubereitungszeit
10 Minuten
Garzeit
25 Minuten

Eine Portion enthält
247 kcal/1030 kJ
7 g Eiweiß
16 g Fett
17 g Kohlenhydrate
5 g Ballaststoffe

Zubereitung

1| Orange heiß abwaschen, abtrocknen, Schale mit einem scharfen Messer abschneiden, sodass die weiße Haut vollständig entfernt wird. Fruchtfleisch in etwa 2 cm dicke Scheiben schneiden.

2| Petersilie waschen, Blättchen abzupfen und fein schneiden. Rote Bete in Würfel schneiden.

3| Öl erhitzen, Rote Bete und Orangen zugeben, einige Minuten andünsten und mit Geflügelfond ablöschen. Suppe etwa 10 Minuten köcheln lassen. Mit einem Pürierstab cremig mixen und mit Salz, Pfeffer und der Petersilie abschmecken.

4| Mit dem Frischkäse garniert servieren.

Klare Gemüsesuppe mit Eierflocken

Besonders gut verträglich

Zutaten für 2 Portionen

2 Stangen Sellerie und etwas Blattgrün
1 mittelgroße Karotte
1 mittelgroße Kartoffel
200 ml Gemüsefond, Glas
1 Lorbeerblatt
1 Ei
Salz
Pfeffer

Zubereitungszeit
10 Minuten
Garzeit
ca. 10–15 Minuten

Eine Portion enthält
114 kcal/477 kJ
8 g Eiweiß
4 g Fett
11 g Kohlenhydrate
5 g Ballaststoffe

Zubereitung

1| Gemüse waschen, putzen, Karotte und Kartoffel schälen und in 1 bis 2 cm große Würfel schneiden. Selleriestangen in schmale Scheiben schneiden. Selleriegrün waschen und fein hacken.

2| Die Gemüsestücke in einen mittelgroßen Topf geben, Gemüsefond, Lorbeerblatt und 400 ml Wasser zugeben und aufkochen lassen. Bei mittlerer Hitze 10 bis 15 Minuten köcheln lassen.

3| In der Zwischenzeit das Ei in eine kleine Schüssel geben, salzen, pfeffern und mit einer Gabel kräftig verschlagen. 2 bis 3 Minuten vor Ende der Garzeit das aufgeschlagene Ei in die kochende Gemüsesuppe rühren und mitkochen lassen, mit dem Selleriegrün bestreut servieren.

Gesundheitstipp
Durch ihren geringen Fettanteil ist diese Suppe besonders gut bekömmlich.

Fischfond

Lässt sich sehr gut auf Vorrat zubereiten

Zutaten für 1 Liter

1 kg Fischkarkassen, z. B. Forellen
1 mittelgroße Karotte
½ kleine Fenchelknolle mit Fenchelgrün
1 Stück Knollensellerie (ca. 150 g)
2 Champignons
4 Cocktailtomaten
2 Stängel Petersilie
2 Lorbeerblätter
½ TL schwarze Pfefferkörner
½ TL Pimentkörner

Zubereitungszeit
10 Minuten
Garzeit
20 Minuten

Eine Portion enthält
72 kcal/301 kJ
10 g Eiweiß
1 g Fett
6 g Kohlenhydrate
0 g Ballaststoffe

Zubereitung

1| Die Kiemen mit einer Schere aus den Karkassen entfernen und die Karkassen unter fließendem, kaltem Wasser gründlich abspülen.

2| Gemüse waschen, putzen, alle Gemüsesorten grob würfeln. Petersilie und Fenchelgrün waschen und etwas trocken schütteln.

3| Alle Zutaten mit 1 Liter kaltem Wasser in einen Topf geben und aufkochen lassen. Anschließend Temperatur zurückdrehen und etwa 20 Minuten unterhalb des Siedepunktes leicht simmern lassen.

4| Den fertigen Fond durch ein Sieb gießen und abgekühlt auf Vorrat einfrieren oder weiterverwenden.

Küchentipp
Fischkarkassen bestellen Sie am besten beim Fischhändler. Bei Gerichten mit ganzen Fischen (z. B. Ofenforelle, Rezept siehe Seite 116) können Sie die Fischgräten mit Kopf für den Fond verwenden.

Gemüseeintopf

Quer durch den Garten

Zutaten für 2 Portionen

2 mittelgroße Kartoffeln
1 mittelgroße Karotte
1 kleine Pastinake
1 kleine Zucchini
500 ml Gemüsefond, Glas
Salz
Pfeffer
Muskatnuss
1 Lorbeerblatt
2 Stängel Petersilie

Zubereitungszeit
ca. 10 Minuten
Garzeit
ca. 15 Minuten

Eine Portion enthält
135 kcal/566 kJ
8 g Eiweiß
2 g Fett
21 g Kohlenhydrate
8 g Ballaststoffe

Zubereitung

1| Das Gemüse waschen, putzen und bis auf die Zucchini alle Gemüsesorten schälen und in etwa 2 cm große Würfel schneiden.

2| Gemüsefond zum Kochen bringen und das Gemüse bis auf die Zucchiniwürfel in den kochenden Fond geben. Kräftig mit den Gewürzen abschmecken, Lorbeerblatt zugeben und etwa 10 Minuten leise köcheln lassen. Zucchiniwürfel zugeben und weitere 5 Minuten mitgaren.

3| Petersilie waschen, Blättchen abzupfen und fein wiegen. Am Ende der Garzeit das Lorbeerblatt entfernen, den Eintopf nochmals abschmecken und mit der gehackten Petersilie bestreut servieren.

Geflügelbrühe

Die Geheimwaffe bei Erkältungen

Zutaten für 1 Liter

Hühnerknochen von
2 Hähnchen oder
6 Hähnchenkeulen
1 Karotte
1 Stück Knollensellerie
½ kleine Fenchelknolle und
Fenchelgrün
2 Lorbeerblätter
½ TL Pfefferkörner
½ TL Pimentkörner
2 Stängel Maggikraut

Zubereitungszeit
10 Minuten
Garzeit
4 Stunden

Eine Portion enthält
92 kcal/385 kJ
8 g Eiweiß
7 g Fett
6 g Kohlenhydrate
0 g Ballaststoffe

Zubereitung

1| Hühnerknochen mit der Geflügelschere etwas zerkleinern. Gemüse waschen, putzen und grob würfeln.

2| Gemüse zusammen mit den Lorbeerblättern, den Pfeffer- und Pimentkörnen in einen Topf geben. Kräuter waschen, etwas trocken schütteln und zusammen mit den Hühnerknochen zu dem Gemüse in den Topf geben. Mit mindestens 1 Liter Wasser auffüllen, sodass alle Zutaten mit Wasser bedeckt sind, Deckel auflegen und auf höchster Stufe aufkochen lassen. 2 Stunden kochen lassen und entstehendes Fett abschöpfen. Nach 2 Stunden Garzeit, Temperatur zurückdrehen und für weitere 2 Stunden unterhalb des Siedepunktes auf niedriger Stufe leise simmern lassen, bei Bedarf noch etwas Wasser zugießen.

3| Brühe durch ein Sieb gießen, abkühlen lassen und einfrieren oder heiß weiterverwenden.

Küchentipp
Werfen Sie rohe Hühnerknochen, die Sie für ein Rezept ausgelöst haben, nicht weg, sondern verwenden Sie sie für diese leckere Hühnerbrühe. Die Knochen lassen sich auch einfrieren.

Rindfleischsuppe

Der Sonntagsklassiker

Zutaten für 1 Liter

einige Rinderknochen
300 g Rindfleisch zum Kochen, z. B. Wade
1 Karotte
1 Stück Knollensellerie
½ kleine Fenchelknolle und Fenchelgrün
2 Stängel Petersilie
2 Lorbeerblätter
½ TL Pfefferkörner
½ TL Pimentkörner
¼ TL Senfsamen

Zubereitungszeit
10 Minuten
Garzeit
3 Stunden

Eine Portion (= 250 ml) enthält
188 kcal/788 kJ
31 g Eiweiß
4 g Fett
0 g Kohlenhydrate
0 g Ballaststoffe

Zubereitung

1| Die Knochen in einen mittelgroßen Topf geben. Das Fleisch abspülen und auf die Knochen legen.

2| Das Gemüse waschen, putzen und grob würfeln. Kräuter waschen und zusammen mit den Gemüsewürfeln in den Topf geben. Die Lorbeerblätter, die Körner und das Wasser in den Topf geben, alle Zutaten sollten von mindestens 1 Liter Wasser bedeckt sein, bei Bedarf noch mehr Wasser zugießen.

2| Ohne Deckel aufkochen lassen und bei mittlerer Hitze 3 Stunden unterhalb des Siedepunkts leise simmern lassen.

3| Das Fleisch herausnehmen und in kleine Stücke schneiden, Brühe durch ein Sieb gießen, Gemüse und Knochen wegwerfen und das gewürfelte Fleisch zusammen mit der Brühe verzehren oder abkühlen lassen und einfrieren.

Kartoffeleintopf mit Kasseler

Schnell und alltagstauglich

Zutaten für 2 Portionen

4 mittelgroße Kartoffeln
1 Stück Sellerieknolle
1 große Karotte
150 g Kasseler
200 ml Fleischbrühe
½ kleines Bund Selleriegrün
Salz
Pfeffer
Muskatnuss
1 Lorbeerblatt

Zubereitungszeit
10 Minuten
Garzeit
20 Minuten

Eine Portion enthält
269 kcal/1123 kJ
19 g Eiweiß
8 g Fett
29 g Kohlenhydrate
9 g Ballaststoffe

Zubereitung

1| Kartoffeln, Sellerie und Karotte waschen, schälen und in etwa 2 cm große Stücke schneiden. Kasseler ebenfalls in 2 cm große Würfel schneiden. Gemüse- und Fleischwürfel in einen mittelgroßen Topf geben, Fleischbrühe und 400 ml Wasser zugießen und aufkochen lassen.

2| Selleriegrün waschen, bei Bedarf verlesen, Blättchen abzupfen und fein hacken. Zusammen mit dem Lorbeerblatt und den Gewürzen zum Eintopf geben und etwa 20 Minuten bei mittlerer Hitze köcheln lassen.

3| Eintopf am Ende der Garzeit nochmals abschmecken, Lorbeerblatt entfernen.

Haupt-gerichte

Fisch-Reis-Pfanne

Mit Kabeljau besonders verträglich

Zutaten für 2 Portionen

100 g Reis
250 ml Gemüsebrühe
2 Fischfilets, z. B. Kabeljau (à ca. 130 g)
2 TL Zitronensaft
Salz
4 mittelgroße Karotten (300 g)
200 g Babyspinat
2 TL Rapsöl
Pfeffer
Muskatnuss

Zubereitungszeit
15 Minuten
Garzeit
30 Minuten

Eine Portion enthält
408 kcal/1705 kJ
36 g Eiweiß
7 g Fett
48 g Kohlenhydrate
9 g Ballaststoffe

Zubereitung

1| Reis in der kochenden Gemüsebrühe ungefähr 20 Minuten garen.

2| Fischfilets unter kaltem Wasser abspülen, in grobe Würfel schneiden, mit dem Zitronensaft beträufeln und salzen.

3| Karotten waschen, putzen, schälen und in etwa 2 mal 2 cm große Würfel schneiden. Spinat waschen, verlesen und gut abtropfen lassen.

4| Öl erhitzen und die Karottenwürfel darin andünsten, kräftig mit den Gewürzen abschmecken, mit etwas Wasser ablöschen, die Fischwürfel auf die Karottenwürfel geben, den Deckel auflegen und 5 bis 8 Minuten dünsten. 2 Minuten vor Ende der Garzeit die Spinatblätter zugeben und zusammenfallen lassen.

5| Den gegarten Reis vorsichtig unter die Gemüse-Fisch-Würfel mengen und bei Bedarf nochmals nachwürzen.

Variante
Wer möchte, kann die Reismenge zur Hälfte durch Vollkornreis ersetzen. Bei Vollkornreis verlängert sich die Garzeit auf insgesamt 40 bis 50 Minuten. Daher geben Sie den hellen Reis erst die letzten 20 Minuten der Garzeit zum Vollkornreis dazu.

Fisch in Gemüse-Ei-Hülle

Auch für Gäste

Zutaten für 2 Portionen

2 Fischfilets (à ca. 150 g), z. B. Seeteufel
2 EL Zitronensaft
Salz
1 mittelgroße Karotte
2 Stangen Staudensellerie
2 Stängel Petersilie
1 EL Mehl, Type 550
1 kleines Ei
1 EL Rapsöl

Zubereitungszeit
30 Minuten
Garzeit
8 Minuten

Eine Portion enthält
275 kcal/1150 kJ
28 g Eiweiß
13 g Fett
10 g Kohlenhydrate
4 g Ballaststoffe

Zubereitung

1| Fisch waschen, abtrocknen, mit Zitronensaft säuern und salzen. Karotte und Staudensellerie waschen, putzen, Karotte schälen und beide Gemüsesorten in sehr, sehr feine Würfel schneiden. Etwas Salzwasser zum Kochen bringen und die Gemüsewürfel darin etwa 2 Minuten blanchieren. Gemüse abgießen und auf einem Küchentuch gut abtrocknen.

2| Petersilie waschen, trocken schütteln, Blättchen abzupfen, fein hacken und mit dem Gemüse vermischen.

3| Das Gemüse auf einen großen Teller geben. Mehl auf einen zweiten Teller geben, das aufgeschlagene Ei in einem tiefen Teller salzen, pfeffern und mit einer Gabel verquirlen.

4| Den Fisch zuerst im Mehl wenden, dann im Ei und zuletzt im Gemüse, dabei das Gemüse von allen Seiten gut andrücken.

5| Das Öl in einer beschichteten Pfanne erhitzen und die beiden Fischfilets darin von beiden Seiten 3 bis 5 Minuten hell anbraten.

Fischfrikassee

Gelingt leicht

Zutaten für 2 Portionen

2 mittelgroße Karotten
1 Stange Staudensellerie
200 g Mangold
1 Fischfilet, z. B. Zander (ca. 250 g)
2 EL Zitronensaft
Salz
1 EL Butter
1 EL Vollkornmehl
100 ml Milch, 1,5 % Fett
Pfeffer
2 Stängel Dill

Zubereitungszeit
15 Minuten
Garzeit
ca. 15 Minuten

Eine Portion enthält
278 kcal/1161 kJ
34 g Eiweiß
9 g Fett
14 g Kohlenhydrate
9 g Ballaststoffe

Zubereitung

1| Gemüse waschen, putzen, Karotten schälen und zusammen mit dem Staudensellerie in schmale Scheiben schneiden. Mangoldstiele ebenfalls in schmale Stücke schneiden, Mangoldblätter in schmale Streifen schneiden. 200 ml Wasser zum Kochen bringen, salzen und die Karotten-, Sellerie- und Mangoldstiele darin 5 bis 8 Minuten garen. Abgießen und dabei 100 ml Kochsud auffangen.

2| Fisch waschen, abtrocknen, in etwa 3 cm große Stücke schneiden und mit Zitronensaft beträufeln und salzen.

3| Fett schmelzen, mit Mehl bestäuben und mit einem Schneebesen kurz verrühren. Unter weiterem Rühren etwas Gemüsesud zugießen, sprudelnd kochen lassen und nach und nach den restlichen Gemüsesud sowie die Milch zugießen. 1 bis 2 Minuten sprudelnd kochen lassen, Hitze reduzieren und abschmecken. Fischstücke und Mangoldblätter zugeben und bei niedriger Temperatur etwa 5 Minuten gar ziehen lassen.

4| Dill waschen, Blättchen abzupfen und zusammen mit dem restlichen Gemüse unter den Fisch mengen.

Fisch- und Gemüsepäckchen

Auch für die Grillparty

Zutaten für 2 Portionen

2 Kabeljaufilets (à ca. 150 g)
1 EL Zitronensaft
Salz
2 Stängel Basilikum
2 Zweige Zitronenthymian
1 EL Olivenöl
1 TL Tomatenmark
Pfeffer
je 2 kleine grüne und gelbe Zucchini (ca. 300 g)
1 Handvoll Cocktailtomaten
2 Streifen Alufolie (ca. 20 cm breit)

Zubereitungszeit
20 Minuten
Marinierzeit
ca. 30 Minuten
Garzeit
10 Minuten

Eine Portion enthält
255 kcal/1065 kJ
34 g Eiweiß
10 g Fett
6 g Kohlenhydrate
3 g Ballaststoffe

Zubereitung

1| Fisch waschen, abtrocknen, mit der Hälfte des Zitronensafts säuern, salzen. Kräuter waschen, trocken schütteln, Blättchen abzupfen und fein hacken.

2| Den Backofen auf 200 °C (Ober- und Unterhitze) vorheizen.

3| Aus Öl, restlichem Zitronensaft, Tomatenmark und den Kräutern eine Marinade herstellen und mit Salz und Pfeffer abschmecken.

4| Zucchini und Tomaten waschen, abtrocknen, Zucchini putzen und in schmale Scheiben schneiden. Tomaten halbieren und vierteln, das Gemüse mit der Marinade vermengen und etwa 30 Minuten stehen lassen.

5| Das Gemüse auf die beiden Alufolienstreifen verteilen, den Fisch daraufsetzen und bei Bedarf nochmals würzen. Päckchen an beiden Enden fest verschließen und im heißen Ofen oder auf dem Grill etwa 10 Minuten garen.

Schollenröllchen

Besonders bekömmlicher Fisch

Zutaten für 2 Portionen

4 Schollenfilets (à ca. 70 g)
1 EL Zitronensaft
Salz
2 Stängel Basilikum
2 Zweige Majoran
1 Stück Parmesan (ca. 20 g)
1 EL Tomatenmark
1 TL weiche Butter
150 ml Fischfond, Glas
4 Zahnstocher

Zubereitungszeit
10 Minuten
Garzeit
10 Minuten

Eine Portion enthält
232 kcal/968 kJ
33 g Eiweiß
10 g Fett
2 g Kohlenhydrate
1 g Ballaststoffe

Zubereitung

1| Fisch waschen, abtrocknen, mit dem Zitronensaft säuern und salzen. Kräuter waschen, trocken schütteln, Blättchen abzupfen und fein hacken. Parmesan auf einer Küchenreibe fein reiben.

2| Aus Tomatenmark, weicher Butter, Kräutern und Parmesan eine Art Pesto herstellen. Mit Salz und Pfeffer würzen und auf den Schollenfilets verteilen. Schollenfilets aufrollen und mit je einem Zahnstocher feststecken.

3| Fischfond zum Kochen bringen und die Schollenröllchen in den heißen Fond setzen, Hitze reduzieren und etwa 10 Minuten mit geschlossenem Deckel garen.

Serviertipp
Dazu passt das Kartoffel-Kürbis-Gemüse von Seite 163.

Ofenforelle

Der Eiweißkick für die Muskeln

Zutaten für 2 Portionen

2 ausgenommene Forellen (à ca. 220 g)
1 Bio-Zitrone
Salz
Pfeffer
3 Stängel Petersilie
1 EL Olivenöl

Zubereitungszeit
10 Minuten
Garzeit
20 Minuten

Eine Portion enthält
258 kcal/1080 kJ
36 g Eiweiß
12 g Fett
0 g Kohlenhydrate
0 g Ballaststoffe

Zubereitung

1| Zitrone heiß abwaschen, halbieren, eine Hälfte in schmale Scheiben schneiden, die andere Hälfte auspressen.
2| Den Backofen auf 220 °C (Ober- und Unterhitze) vorheizen.
3| Forellen waschen, abtrocknen, von außen und innen mit Zitronensaft beträufeln, salzen und pfeffern.
4| Petersilie waschen, trocken schütteln, Blättchen abzupfen und zusammen mit den Zitronenscheiben in den Bauchraum der Forellen geben. Forellen mit dem Öl bepinseln und auf ein gefettetes Backblech legen.
5| Im heißen Ofen etwa 20 Minuten garen.

Serviertipp
Genießen Sie dazu die Dillsauce und den Tomatenreis (Rezepte siehe Seite 91 und 162).

Seelachs im Spinatbett

Passt nicht nur freitags

Zutaten für 2 Portionen

400 g Blattspinat, TK
2 Seelachsfilets (à ca. 150 g)
Salz
2 EL Zitronensaft
1 EL Rapsöl
2 TL Vollkornmehl
100 ml Fischfond, Glas
50 ml Milch, 1,5 % Fett
Pfeffer
Muskatnuss
1 EL Dijonsenf

Zubereitungszeit
5 Minuten
Auftauzeit
ca. 1–2 Stunden
Garzeit
35 Minuten

Eine Portion enthält
291 kcal/1215 kJ
38 g Eiweiß
12 g Fett
6 g Kohlenhydrate
6 g Ballaststoffe

Zubereitung

1| Blattspinat auftauen lassen, ausdrücken und in eine feuerfeste Auflaufform geben. Den Backofen auf 180 °C (Ober- und Unterhitze) vorheizen.

2| Fisch waschen, abtrocknen, salzen und mit Zitronensaft säuern. Öl erhitzen, Mehl darüberstäuben, mit einem Schneebesen verrühren und mit etwas Fischfond ablöschen. Aufkochen lassen und nach und nach den restlichen Fond und die Milch zugießen. Mit den Gewürzen und dem Senf abschmecken und 1 Minute sprudelnd kochen lassen.

3| Den Fisch auf den Blattspinat setzen und mit der Senfsauce übergießen. Im heißen Ofen etwa 30 Minuten garen.

Gemüse-Fisch-Gratin

Lecker und gesund

Zutaten für 2 Portionen

2 Rotbarschfilets (à ca. 150 g)
½ Zitrone
Salz
300 g Mangold
1 kleine Fenchelknolle (ca. 300 g)
1 EL Olivenöl
2 EL Tomatenmark
Pfeffer
Muskatnuss
1 Stück Hartkäse (50 g), z. B. Emmentaler
2 EL Frischkäse, fettreduziert

Zubereitungszeit
20 Minuten
Garzeit
35 Minuten

Eine Portion enthält
483 kcal/2019 kJ
50 g Eiweiß
30 g Fett
9 g Kohlenhydrate
10 g Ballaststoffe

Zubereitung

1| Fisch waschen, abtrocknen. Zitrone auspressen und Saft über die Fischfilets träufeln. Fisch salzen und einige Minuten stehen lassen.

2| Den Backofen auf 200 °C (Ober- und Unterhitze) vorheizen.

3| Gemüse waschen, putzen, Mangoldstiele in schmale Ringe schneiden, Blätter in schmale Streifen schneiden. Fenchelstrunk entfernen und Fenchelhälften in schmale Stücke schneiden.

4| Öl in einer beschichteten Pfanne erhitzen, Mangoldstiele und Fenchelstücke darin andünsten, Tomatenmark zugeben und einige Minuten mitgaren. Etwas Wasser angießen und Mangoldblätter zugeben und zusammenfallen lassen, mit den Gewürzen abschmecken.

4| Hartkäse auf einer Küchenreibe fein reiben, die Hälfte mit dem Frischkäse verrühren. Dann unter das Gemüse mischen und schmelzen lassen.

5| Die Gemüsemasse in eine feuerfeste Form geben, Fischfilets darauf verteilen und mit dem restlichen Käse bestreuen. Im heißen Ofen etwa 25 Minuten überbacken.

Ofendorade

Super einfach und schnell

Zutaten für 2 Portionen

2 kleine Doraden, küchenfertig (à ca. 250 g)
2 EL Zitronensaft
Salz
Pfeffer
1 EL Olivenöl
1 kleine Zucchini
150 g Cocktailtomaten

Zubereitungszeit
10 Minuten
Garzeit
ca. 20 Minuten

Eine Portion enthält
209 kcal/875 kJ
27 g Eiweiß
9 g Fett
4 g Kohlenhydrate
2 g Ballaststoffe

Zubereitung

1| Den Backofen auf 225 °C (Ober- und Unterhitze) vorheizen.

2| Doraden waschen, abtrocknen und mit Zitronensaft säuern. Fisch salzen und pfeffern. Eine feuerfeste Auflaufform dünn mit Öl bepinseln mit dem restlichen Öl die Fische beträufeln.

3| Gemüse waschen, putzen, Zucchini in etwa 2 cm dicke Scheiben schneiden, Cocktailtomaten waschen und zusammen mit den Zucchinischeiben in die Auflaufform legen, die Fische darauf verteilen und im heißen Ofen etwa 20 Minuten garen.

Serviertipp
Genießen Sie dazu einen bunten Blattsalat und eine würzige Polenta mit Cocktailtomaten (Rezept siehe Seite 160).

Tomatenfisch aus dem Backofen

Ein Hauch von Urlaub

Zutaten für 2 Portionen

½ Zitrone
2 Seelachsfilets (à ca. 150 g)
Salz
2 Tomaten
1 Stück Parmesan (ca. 30 g)
1 EL Tomatenmark
1 EL Olivenöl
1 EL Paniermehl
Salz
Peffer
2 Zweige Thymian
2 Zweige Majoran

Zubereitungszeit
15 Minuten
Garzeit
ca. 20 Minuten

Eine Portion enthält
395 kcal/1652 kJ
40 g Eiweiß
20 g Fett
13 g Kohlenhydrate
2 g Ballaststoffe

Zubereitung

1| Die Zitronenhälfte auspressen und die Fischfilets damit säuern. Fisch salzen und einige Minuten stehen lassen.

2| Den Backofen auf 180 °C (Ober- und Unterhitze) vorheizen.

3| Tomaten waschen, abtrocknen, halbieren, Strunk entfernen und die Tomatenhälften in kleine Würfel schneiden. Parmesan auf einer Küchenreibe fein reiben. Geriebenen Käse, Tomatenmark, Öl und Paniermehl vermengen und mit Salz und Pfeffer abschmecken.

4| Kräuter waschen, trocken schütteln, Blättchen abzupfen und fein hacken. Gehackte Kräuter unter die Tomatenmasse mengen.

5| Fischfilets in eine feuerfeste Auflaufform setzen, die Tomatenmasse darüber verteilen und im heißen Ofen etwa 20 Minuten überbacken.

Spargel-Farfalle mit Kabeljau

Eine pfiffige Kombination

Zutaten für 2 Portionen

350 g grüner Spargel
1 Stück Ingwer (ca. 20 g)
½ Bio-Zitrone
1 Kabeljaufilet (ca. 250 g)
Salz
100 g Farfalle
2 geh. EL Frischkäse, fettreduziert
1 Stück Parmesan (ca. 30 g)
Pfeffer
getr. Zitronenthymian

Zubereitungszeit
15 Minuten
Garzeit
ca. 15 Minuten

Eine Portion enthält
462 kcal/1930 kJ
43 g Eiweiß
14 g Fett
39 g Kohlenhydrate
5 g Ballaststoffe

Zubereitung

1| Spargel waschen, abtrocknen, das untere Drittel schälen und den Spargel in etwa 3 cm lange, schräge Stücke schneiden. Ingwer schälen und auf einer Küchenreibe fein reiben. Zitrone auspressen.

2| Fisch waschen, abtrocknen, in etwa 2 cm große Würfel schneiden, mit dem Zitronensaft übergießen und salzen.

3| Nudeln nach Packungsanweisung in Salzwasser al dente garen. 5 Minuten vor Ende der Garzeit die Spargelstücke zugeben und mitkochen lassen. Etwa 100 ml Nudelwasser abschöpfen und zur Seite stellen. Parmesan auf einer Küchenreibe grob raspeln.

4| Nudelwasser, Frischkäse und Parmesan in eine kleine Pfanne geben und aufkochen lassen. Fischstücke und Ingwer zugeben und bei mittlerer Hitze 5 bis 6 Minuten garen lassen. Sauce mit Salz, Pfeffer und Zitronenthymian abschmecken, Nudeln und Spargel untermengen, bei Bedarf nochmals nachwürzen.

Spaghetti mit Muscheln

Ein mediterraner Genuss

Zutaten für 2 Portionen

120 g Spaghetti
Salz
500 g Miesmuscheln
2 mittelgroße Karotten
1 Stange Staudensellerie (ca. 150 g)
½ Fenchelknolle (ca. 200 g)
1 EL Olivenöl
1 TL Fenchelsaat
1 EL Tomatenmark
1 Prise Zucker
Pfeffer
2 EL Zitronensaft
1 EL Worcestersauce

Zubereitungszeit
15 Minuten
Garzeit
ca. 20 Minuten

Eine Portion enthält
452 kcal/1889 kJ
26 g Eiweiß
11 g Fett
59 g Kohlenhydrate
12 g Ballaststoffe

Zubereitung

1| Die Nudeln nach Packungsanweisung in kochendem Salzwasser al dente garen. 150 ml Nudelwasser am Ende der Garzeit auffangen und zur Seite stellen.

2| Die Muscheln gründlich waschen, geöffnete Muscheln wegwerfen.

3| Gemüse waschen, abtrocknen, putzen, Karotten schälen, zusammen mit dem Staudensellerie und dem Fenchel in kleine Würfel schneiden.

4| Öl sanft erhitzen, Fenchelsaat, Muscheln, Gemüsewürfel und Tomatenmark unter Rühren 1 bis 2 Minuten offen andünsten, Deckel auflegen und 8 bis 10 Minuten garen, bis die Muscheln sich geöffnet haben. Geschlossene Muscheln aussortieren, Nudelwasser zugeben und aufkochen lassen. Mit den Gewürzen, Zitronensaft und Worcestersauce mild abschmecken.

Rinder-Gemüse-Ragout

Lässt sich gut am Vortag vorbereiten

Zutaten für 2 Portionen

1 Stück Rindfleisch aus der Schulter (ca. 300 g)
1 EL Rapsöl
1 EL Tomatenmark
Salz
Pfeffer
2 Lorbeerblätter
1 Pimentkorn
1 Petersilienwurzel (ca. 250 g)
1 Stück Hokkaidokürbis (ca. 400 g)

Zubereitungszeit
15 Minuten
Garzeit
ca. 2 Stunden

Eine Portion enthält
379 kcal/1585 kJ
48 g Eiweiß
14 g Fett
13 g Kohlenhydrate
7 g Ballaststoffe

Zubereitung

1| Rindfleisch abspülen und in etwa 3 cm große Stücke schneiden.

2| Öl sanft erhitzen und die Rinderwürfel darin kurz andünsten, Tomatenmark zugeben und ebenfalls mitdünsten. Fleisch würzen und mit 500 ml Wasser ablöschen. Lorbeerblatt und Pimentkorn zugeben und das Ragout etwa 2 Stunden köcheln lassen. Ggf. noch Wasser zufügen.

3| Petersilienwurzel waschen, putzen, schälen und in 1 cm große Würfel schneiden. Kürbis waschen, Kerne und Samenwände entfernen und Kürbis ebenfalls in kleine Würfel schneiden. 15 Minuten vor Ende der Garzeit die Gemüsewürfel zum Ragout geben und bei Bedarf noch mal abschmecken.

Küchentipp

Wer gerne eine sämige Sauce möchte, kann mit dem Fleisch eine gewürfelte Kartoffel mitgaren. Vor der Zugabe der Gemüsewürfel das Fleisch herausnehmen und kurz zur Seite stellen, die Sauce mit einem Pürierstab mixen, Fleisch und Gemüsewürfel wieder zugeben und die restlichen 15 Minuten das Gemüse weich garen.

Tafelspitz mit Kräutersauce

Ein Sonntagsklassiker

Zutaten für 2 Portionen

300 g Tafelspitz
1 kleine Karotte
1 kleines Stück Sellerie
1 kleine Petersilienwurzel
1 kleines Lorbeerblatt
1 Wacholderbeere
1 Pimentkorn
2 Pfefferkörner

Für die Kräutersauce
2 Stängel Petersilie
2 Stängel Kerbel
2 Stängel Dill
1 mittelgroße Kartoffel
1 TL Rapsöl
100 ml Milch
100 ml Gemüsebrühe
Salz
Pfeffer

Zubereitungszeit
10 Minuten
Garzeit
1½ Stunden

Eine Portion enthält
322 kcal/1346 kJ
47 g Eiweiß
10 g Fett
10 g Kohlenhydrate
2 g Ballaststoffe

Zubereitung

1| Tafelspitz waschen. Gemüse waschen, putzen, schälen und in etwa 2 cm große Würfel schneiden. 1,5 Liter Wasser in einen großen Topf geben, Gemüsewürfel, Lorbeerblatt, Gewürzkörner, Salz zugeben und aufkochen lassen. Fleisch zugeben und 1,5 Stunden bei mittlerer Hitze leise köcheln lassen.

2| Für die Sauce die Kräuter waschen, trocken schütteln, Blättchen abzupfen und fein hacken. Kartoffel waschen, schälen und in kleine Würfel schneiden.

3| Öl bei mittlerer Hitze erwärmen und die Kartoffelwürfel darin sanft andünsten. Mit Milch und Gemüsebrühe ablöschen und etwa 10 Minuten köcheln lassen, bis die Kartoffelstücke gar sind. Mit einem Pürierstab cremig mixen, mit den Gewürzen und den Kräutern abschmecken.

4| Gegartes Fleisch aus dem Sud herausheben, in schmale Scheiben schneiden und mit der Kräutersauce servieren. (Den Sud durch ein Sieb gießen, abkühlen lassen und als Fleischbrühe auf Vorrat einfrieren.)

Serviertipp
Je nach Region werden dazu gekochte Nudeln und Preiselbeeren, Kartoffeln, Semmelklöße, Bouillongemüse oder Spinat gereicht. Typischerweise wird eine Meerrettichsauce zum Rindfleisch gegessen. Da Meerrettich jedoch möglicherweise zu Unverträglichkeiten führt, wird hier eine Kräutersauce dazu gereicht.

Königsberger Klopse

Gekochte Fleischbällchen in cremiger Sauce

Zutaten für 2 Portionen

1 Scheibe Toastbrot
50 ml Milch, 1,5 % Fett
2 Sardellenfilets
300 g Rinderhackfleisch
1 TL Senf
1 Ei
Salz
Pfeffer
1 TL Apfelessig
1 kleines Lorbeerblatt
1 Nelke
2 Pimentkörner
4 schwarze Pfefferkörner

Für die Sauce
1 EL Butter
1 EL Mehl, Type 405
100 ml Milch, 1,5 % Fett
½ Glas Kapern
1 Prise Muskatnuss
1 Spritzer Zitronensaft
1 Prise Zucker

Zubereitungszeit
20 Minuten
Garzeit
25 Minuten

Eine Portion enthält
556 kcal/2325 kJ
50 g Eiweiß
32 g Fett
17 g Kohlenhydrate
1 g Ballaststoffe

Zubereitung

1| Toastbrot in kleine Würfel schneiden, die Milch erwärmen und über die Brotwürfel gießen.

2| Sardellenfilets in kleine Stücke schneiden. Sardellen, Hack, Senf, Ei, Salz, Pfeffer und die ausgedrückten Brotwürfel in eine Schüssel geben und alles kräftig miteinander vermengen, bis ein glatter Teig entstanden ist. Abschmecken. Mit feuchten Händen 8 kleine Klopse formen.

3| 800 ml Wasser, Essig, Lorbeerblatt, Gewürzkörner mit Salz in einen Topf geben und aufkochen lassen. Die Klopse darin bei niedriger Hitze in etwa 15 bis 20 Minuten ziehen lassen. 150 ml Sud zur Seite stellen.

4| Butter in einem kleinen Topf schmelzen lassen, das Mehl zugeben und mit einem Schneebesen kräftig verrühren. Nach und nach 150 ml Sud und Milch zugießen, sprudelnd aufkochen und mindesten 1 Minute kochen lassen. Abgetropfte Kapern, Muskatnuss, Salz, Pfeffer, Zitronensaft und Zucker zugeben und abschmecken.

5| Die Fleischklopse mit der Sauce servieren.

Serviertipp
Reichen Sie dazu gekochte Kartoffeln und einen bunten Blattsalat (Rezept siehe Seite 66).

Hack-Gemüse-Pfanne

Durch Karotten und Kartoffeln besonders magenfreundlich

Zutaten für 2 Portionen

2 mittelgroße Karotten
4 mittelgroße Kartoffeln
1 TL Rapsöl
200 g gemischtes Hackfleisch
100 ml Rinderfond, Glas
2 Stängel Petersilie
Salz
Pfeffer
Muskatnuss

Zubereitungszeit
10 Minuten
Garzeit
25 Minuten

Eine Portion enthält
430 kcal/1799 kJ
32 g Eiweiß
19 g Fett
31 g Kohlenhydrate
9 g Ballaststoffe

Zubereitung

1| Karotten und Kartoffeln waschen, putzen, schälen. Karotten in schmale Scheiben schneiden. Kartoffeln in 2 x 2 cm große Würfel schneiden.

2| Öl erhitzen und das Hackfleisch darin krümelig anbraten. Herausnehmen und zur Seite stellen. Kartoffelwürfel in die Pfanne geben, kurz andünsten und mit dem Fond oder der Brühe ablöschen, nach etwa 15 Minuten Garzeit die Karottenscheiben zugeben und weitere 5 Minuten mitgaren. Ggf. nochmals Wasser zugießen.

3| Petersilie waschen, trocken schütteln, die Blättchen abzupfen und fein schneiden. Das Hackfleisch zu der Gemüsemasse geben und mit den Gewürzen und der Petersilie kräftig abschmecken.

Bunte Ofenfrikadellen

Einfach und lecker

Zutaten für 2 Portionen

200 g gemischtes Hackfleisch
1 mittelgroße Karotte
1 mittelgroße Zucchini
1 kleines Ei
2 EL Paniermehl
½ kleines Bund Petersilie
Salz
Pfeffer
½ TL Senf

Zubereitungszeit
10 Minuten
Garzeit
20 Minuten

Eine Portion enthält
382 kcal/1598 kJ
34 g Eiweiß
18 g Fett
20 g Kohlenhydrate
4 g Ballaststoffe

Zubereitung

1| Den Backofen auf 200 °C (Ober- und Unterhitze) vorheizen.

2| Hackfleisch in eine Schüssel geben. Gemüse waschen, putzen und auf einer Küchenreibe grob raspeln. Gemüseraspel mit dem Ei und dem Paniermehl zum Hackfleisch geben.

3| Petersilie waschen, trocken schütteln, Blättchen abzupfen und fein hacken. Mit Salz, Pfeffer und Senf in die Schüssel zu den vorbereiteten Zutaten geben. Alles gründlich vermengen, abschmecken und aus der Masse Frikadellen formen. Ein Backblech mit Backpapier belegen und die Frikadellen darauf setzen.

4| Im heißen Ofen etwa 20 Minuten braten.

Serviertipp
Dazu passen die Tomatensauce von Seite 89 und die Polenta von Seite 160.

Reisfleisch

Bunt und würzig

Zutaten für 2 Portionen

100 g Reis
Salz
1 kleine Zucchini
½ kleine Aubergine (ca. 200 g)
2 Tomaten
1 Zweig Rosmarin
2 Zweige Thymian
200 g Schweineschnitzel
1 EL Olivenöl
2 EL Tomatenmark
Pfeffer
Kurkuma

Zubereitungszeit
20 Minuten
Garzeit
30 Minuten

Eine Portion enthält
411 kcal/1719 kJ
30 g Eiweiß
11 g Fett
47 g Kohlenhydrate
6 g Ballaststoffe

Zubereitung

1| Reis in der doppelten Menge Salzwasser zum Kochen bringen und in 15 bis 20 Minuten bei niedriger Hitze köcheln lassen.

2| Gemüse waschen, abtrocknen, putzen und in etwa 1,5 cm große Würfel schneiden. Kräuter waschen, trocken schütteln, Nadeln oder Blättchen abzupfen und fein hacken.

3| Fleisch waschen, abtrocknen und in schmale Streifen schneiden. Öl erhitzen und die Fleischstreifen darin sanft anbraten, Tomatenmark zugeben und einige Minuten mitgaren. Gemüsewürfel zugeben und für weitere 5 Minuten mitdünsten. Mit den Gewürzen und den Kräutern abschmecken und den gegarten Reis unter die Fleisch-Gemüse-Mischung mischen.

Hähnchengeschnetzeltes mit Champignons

Schmeckt der ganzen Familie

Zutaten für 2 Portionen

200 g Hähnchenbrustfilet
400 g weiße und braune Champignons
1 TL Rapsöl
½ EL Weizenmehl
100 ml Hühnerfond, Glas
½ Glas Milch, 1,5 % Fett
Salz
Pfeffer
einige Spritzer Zitronensaft
einige Spritzer Worcester- oder Sojasauce
2 Stängel Petersilie

Zubereitungszeit
15 Minuten
Garzeit
10 Minuten

Eine Portion enthält
196 kcal/821 kJ
31 g Eiweiß
6 g Fett
5 g Kohlenhydrate
4 g Ballaststoffe

Zubereitung

1| Hähnchenfleisch waschen, mit einem Küchenkrepp abtrocknen und in schmale Streifen schneiden. Champignons mit einem Küchenkrepp säubern, putzen und in schmale Scheiben schneiden. Öl erhitzen, das Mehl darüberstäuben und mit einem Schneebesen verrühren, etwas andünsten und mit etwas Hühnerfond ablöschen, aufkochen lassen und nach und nach den restlichen Hühnerfond und die Milch zugeben. 1 bis 2 Minuten sprudelnd kochen lassen.

2| Das vorbereitete Hühnerfleisch und die Pilze zugeben und 5 bis 8 Minuten bei niedriger Hitze garen lassen. Ggf. nochmals etwas Flüssigkeit zugeben. Mit den Gewürzen, dem Zitronensaft und der Würzsauce abschmecken.

3| Petersilie waschen, trocken schütteln, Blättchen abzupfen, fein hacken und über das Geschnetzelte streuen.

Serviertipp
Genießen Sie zum Geschnetzeltem die Spinatspätzle (Rezept siehe Seite 156) und den bunten Blattsalat (Rezept siehe Seite 66).

Puten-Kürbis-Ragout

Ratz-fatz auf dem Tisch

Zutaten für 2 Portionen

1 Stück Hokkaidokürbis (ca. 450 g)
200 g Putenbrust
Pfeffer
1 EL Rapsöl
Kurkuma
Salz
200 ml Geflügelfond, Glas
1 kleines Glas Milch, 1,5 % Fett
2 Zweige Thymian

Zubereitungszeit
10 Minuten
Garzeit
25 Minuten

Eine Portion enthält
280 kcal/1172 kJ
28 g Eiweiß
13 g Fett
13 g Kohlenhydrate
5 g Ballaststoffe

Zubereitung

1| Kürbis waschen, Kerne und Samenwände entfernen und den Kürbis in etwa 2 cm große Würfel schneiden.

2| Putenbrust waschen, abtrocknen und in mundgerechte Stücke schneiden. Leicht pfeffern. Öl in einer beschichteten Pfanne kurz erhitzen und die Putenwürfel darin sanft anbraten. Kürbiswürfel zugeben und einige Minuten mitgaren, mit den Gewürzen bestreuen und den Geflügelfond und die Milch zugießen. Aufkochen lassen und etwa 20 Minuten bei mittlerer Hitze zugedeckt leicht köcheln lassen.

3| Die Thymianzweige waschen, trocken schütteln, die Blättchen abzupfen und unter das Ragout mengen, bei Bedarf nochmals abschmecken.

Serviertipp
Dazu passen der Tomatenreis (Rezept Seite 162) und der bunte Blattsalat (Rezept Seite 66).

Geflügel-Brokkoli-Auflauf

Schmeckt jung und alt

Zutaten für 2 Portionen

500 g Brokkoli (TK oder frisch)
Salz
1 Putenschnitzel (ca. 200 g)
Pfeffer
1 EL Rapsöl
1 Ecke Schmelzkäse
2 Stängel Petersilie

Zubereitungszeit
10 Minuten
Garzeit
30–40 Minuten

Eine Portion enthält
383 kcal/1601 kJ
36 g Eiweiß
25 g Fett
5 g Kohlenhydrate
7 g Ballaststoffe

Zubereitung

1| Tiefgekühlten Brokkoli auftauen lassen oder frischen Brokkoli waschen, putzen und in mundgerechte Stücke schneiden. Salzwasser zum Kochen bringen und die Brokkoliröschen darin 2 bis 3 Minuten blanchieren. Etwas Gemüsewasser (ca. 150 ml) zur Seite stellen.

2| Den Backofen auf 180 °C (Ober- und Unterhitze) vorheizen.

3| Putenschnitzel waschen, abtrocknen und in schmale Streifen schneiden und pfeffern.

4| Öl in einer beschichteten Pfanne kurz erhitzen und die Putenstreifen darin von allen Seiten sanft anbraten. Herausnehmen, salzen und zur Seite stellen.

5| Schmelzkäse in die Pfanne geben, Brokkolisud zugießen und den Käse unter Rühren schmelzen lassen. Petersilie waschen, trocken schütteln, die Blättchen abzupfen und fein hacken, unter die Käsesauce rühren und mit den Gewürzen abschmecken.

6| Die Putenstreifen und die Brokkoliröschen in eine feuerfeste Auflaufform geben, die Käsesauce darübergießen und im heißen Ofen 20 bis 30 Minuten fertig garen.

Serviertipp
Servieren Sie dazu den Kürbis-Couscous (Rezept Seite 154).

Wildschweinragout

Gut vorzubereiten

Zutaten für 2 Portionen

300 g Wildschweinfleisch
1 mittelgroße Karotte
1 Stück Staudensellerie (ca. 200 g)
1 mittelgroße Kartoffel
1 EL Rapsöl
Salz
Pfeffer
1 EL Tomatenmark
1 Lorbeerblatt
4 Wacholderbeeren
300 ml Wildfond, Glas
1 EL Preiselbeeren, Glas

Zubereitungszeit
20 Minuten
Garzeit
ca. 2 Stunden

Eine Portion enthält
454 kcal/1897 kJ
34 g Eiweiß
26 g Fett
21 g Kohlenhydrate
6 g Ballaststoffe

Zubereitung

1| Wildschweinfleisch abspülen und in etwa 3 cm große Stücke schneiden. Gemüse waschen, putzen, schälen und in etwa 2 cm große Würfel schneiden.

2| Öl erhitzen, Fleisch darin von allen Seiten anbraten, dabei salzen und pfeffern. Tomatenmark zugeben und einige Minuten mitbraten. Gemüsestücke, Lorbeerblatt, Wacholderbeeren zugeben und für weitere 5 Minuten mitgaren. Mit dem Fond ablöschen, aufkochen lassen und bei mittlerer Hitze 1,5 bis 2 Stunden schmoren lassen. Falls nötig noch Wasser zufügen.

3| Am Ende der Garzeit das Fleisch mit einem Schaumlöffel herausnehmen und kurz zur Seite stellen. Das Gemüse durch ein feines Sieb streichen und zurück zur Sauce geben, die Fleischwürfel zugeben und erneut aufkochen lassen. Mit Preiselbeeren verfeinern und gleich servieren.

Serviertipp
Dazu passt Kürbis-Kartoffel-Püree (Rezept siehe Seite 158) und ein Feldsalat.

Schweinefilet mit Senfkruste

Für Gäste

Zutaten für 2 Portionen

½ Schweinefilet (ca. 250 g)
Pfeffer
1 EL Rapsöl
Salz
2 EL Dijonsenf
1 TL weiche Butter
1 EL Paniermehl
2 Zweige Estragon

Zubereitungszeit
5 Minuten
Garzeit
ca. 18 Minuten

Eine Portion enthält
312 kcal/1303 kJ
29 g Eiweiß
18 g Fett
8 g Kohlenhydrate
1 g Ballaststoffe

Zubereitung

1| Den Backofen auf 200 °C (Ober- und Unterhitze) vorheizen.

2| Das Schweinefilet waschen, abtrocknen und pfeffern. Öl in einer beschichteten Pfanne kurz erhitzen und das Fleisch von allen Seiten sanft anbraten. Herausnehmen, salzen und zur Seite stellen.

3| Senf, Butter und Paniermehl miteinander verrühren. Estragon waschen, trocken schütteln, Blättchen abzupfen und fein hacken. Zusammen mit Salz und Pfeffer unter die Senfmasse rühren.

4| Die Senfmasse auf dem Schweinefilet verteilen und in eine feuerfeste Auflaufform setzen. Im heißen Ofen etwa 15 Minuten backen.

Serviertipp
Lecker zum Ofengemüse (Rezept Seite 164) und dem Honig-Senf-Dip (Rezept Seite 84).

Kalbsgeschnetzeltes mit jungen Karotten und Erbsen

Etwas teurer, dafür besonders fein

Zutaten für 2 Portionen

200 g feine, junge Erbsen, TK
200 g Kalbfleisch
4 kleine, junge Karotten (ca. 200 g)
1 EL Rapsöl
300 ml Kalbsfond, Glas
2 EL Kondensmilch, 4 % Fett
1 TL Mehl, Type 405
2 Stängel Petersilie
Salz
Pfeffer

Zubereitungszeit
15 Minuten
Garzeit
ca. 12 Minuten

Eine Portion enthält
387 kcal/1618 kJ
39 g Eiweiß
16 g Fett
22 g Kohlenhydrate
9 g Ballaststoffe

Zubereitung

1| Erbsen antauen lassen. Kalbfleisch waschen, abtrocknen und in schmale Streifen schneiden. Karotten waschen, abtrocknen, putzen und in schmale Scheiben schneiden.

2| Öl in einer beschichteten Pfanne erhitzen, Fleischstreifen darin sanft andünsten. Mit dem Kalbsfond ablöschen, das Gemüse und die Kondensmilch zugeben und 8 bis 10 Minuten köcheln lassen.

3| Das Mehl mit etwas kaltem Wasser glatt rühren und in die kochende Flüssigkeit einrühren. 1 Minute sprudelnd kochen lassen.

4| Petersilie waschen, trocken schütteln, Blättchen abzupfen und fein hacken. Geschnetzeltes mit Gewürzen und Petersilie abschmecken.

Kartoffeln mit Kräuterquark

Preiswerter Klassiker

Zutaten für 2 Portionen

6 mittelgroße Kartoffeln (ca. 600 g)
1 Pck. Magerquark (250 g)
1 Schuss kohlensäurehaltiges Mineralwasser oder Milch, 1,5 % Fett
1 TL Rapsöl
1 Handvoll frische Kräuter, z. B. Petersilie, Kerbel, Dill
Pfeffer
Salz
einige Spritzer Zitronensaft

Zubereitungszeit
10 Minuten
Garzeit
20 Minuten

Eine Portion enthält
336 kcal/1403 kJ
23 g Eiweiß
4 g Fett
49 g Kohlenhydrate
7 g Ballaststoffe

Zubereitung

1| Kartoffeln gründlich unter kaltem Wasser waschen und mit Schale etwa 20 Minuten garen.

2| In der Zwischenzeit Quark, Mineralwasser oder Milch und Öl mit einem Schneebesen glatt rühren. Kräuter waschen, trocken schütteln und Blättchen fein hacken. Zusammen mit den Gewürzen und dem Zitronensaft unter den vorbereiteten Quark rühren, bei Bedarf nochmals abschmecken und zusammen mit den Kartoffeln servieren.

Gesundheitstipp
Patienten mit Blähungen verwenden besser Milch zum Glattrühren des Kräuterquarks.

Pasta mit Champignons und grünem Spargel

Alles aus einem Topf

Zutaten für 2 Portionen

300 g grüner Spargel
250 g braune Champignons
160 g Pasta, z. B. Farfalle
100 ml Milch, 1,5 % Fett
Salz
Pfeffer
1 EL Zitronensaft
1 Stück Parmesan (ca. 40 g)
2 Stängel Petersilie

Zubereitungszeit
10 Minuten
Garzeit
7–9 Minuten

Eine Portion enthält
363 kcal/1517 kJ
21 g Eiweiß
9 g Fett
48 g Kohlenhydrate
7 g Ballaststoffe

Zubereitung

1| Spargel säubern, am unteren Ende ungefähr 1 cm abschneiden, das untere Drittel schälen und die Spargelstangen in etwa 3 cm lange schräge Stücke schneiden. Champignons mit einem Küchenkrepp säubern, ein kleines Stück vom Stiel abschneiden und die Pilze in schmale Scheiben schneiden.

2| Pasta, vorbereitetes Gemüse, Milch, Gewürze und Zitronensaft in einen Topf geben. So viel Wasser zugießen, dass alles gerade bedeckt ist. Zum Kochen bringen. Sobald das Wasser kocht, regelmäßig umrühren und 7 bis 9 Minuten köcheln lassen.

3| Den Käse auf einer Küchenreibe grob raspeln. Petersilie waschen, trocken schütteln, Blättchen abzupfen und zusammen mit dem Käse untermengen, nochmals abschmecken.

Küchentipp
Verwenden Sie Nudeln mit einer Garzeit von 9 bis 11 Minuten. Falls am Ende der Garzeit noch Kochflüssigkeit übrig ist, gießen Sie das überschüssige Kochwasser ab.

Gefüllte Ofenkartoffel mit gebratenem Gemüse

Für Camembert-Fans

Zutaten für 2 Portionen

2 große Kartoffeln
1 Camembert, 30 % Fett i. Tr.
2 mittelgroße Karotten
1 kleiner Fenchel (ca. 150 g)
1 mittelgroße Zucchini
6 Cocktailtomaten
1 Zweig Rosmarin
1 Stängel Petersilie
2 EL Frischkäse, fettreduziert
Salz
Pfeffer
1 EL Olivenöl

Zubereitungszeit
20 Minuten
Garzeit
ca. 2 Stunden

Eine Portion enthält
523 kcal/2185 kJ
33 g Eiweiß
27 g Fett
36 g Kohlenhydrate
11 g Ballaststoffe

Zubereitung

1| Den Backofen auf 175 °C (Ober- und Unterhitze) vorheizen. Die Kartoffeln gründlich unter fließendem Wasser waschen und abtrocknen. Kartoffeln in eine feuerfeste Auflaufform geben und im heißen Ofen 75 bis 90 Minuten backen.

2| Den Camembert entrinden und halbieren. Gemüse waschen, putzen, Karotte schälen, Fenchel in schmale Spalten, Zucchini und Karotten in fingerdicke Stifte schneiden. Von den Tomaten den Strunk entfernen.

3| Rosmarin waschen, Nadeln abzupfen und fein hacken.

4| Die Kartoffeln herausnehmen, mit einem Messer oben rundherum einschneiden, den Deckel abnehmen und die Kartoffeln mit einem Teelöffel vorsichtig aushöhlen. Den vorbereiteten Käse in die Kartoffeln geben und im heißen Ofen für weitere 25 Minuten backen, bis der Käse geschmolzen ist.

5| Petersilie waschen, trocken schütteln, Blättchen abzupfen und fein hacken. Ausgehöhlte Kartoffelmasse mit Frischkäse vermengen, mit Salz, Pfeffer und gehackter Petersilie würzen.

6| Öl in einer beschichteten Pfanne erhitzen und die Karotten- und Fenchelstücke darin andünsten, etwas Wasser angießen und 3 bis 5 Minuten köcheln lassen. Sobald die Flüssigkeit verdampft ist, die Zucchinistifte und Tomaten zugeben und weitere 2 bis 3 Minuten mitgaren. Mit Salz, Pfeffer und dem gehackten Rosmarin abschmecken.

7| Das Gemüse zu den Ofenkartoffeln und dem Kartoffel-Frischkäse servieren.

Pastasotto alla italia

Kleine Nudeln und Gemüse cremig vereint

Zutaten für 2 Portionen

200 ml Tomatensaft
250 ml Gemüsebrühe
150 g kleine Nudeln, z. B. Rison
1 reife Ochsenherztomate (ca. 150 g)
1 kleine Aubergine (ca. 180 g)
150 g Champignons
1 EL Olivenöl
Salz
Pfeffer
2 Zweige Zitronenthymian
2 Stängel Basilikum
1 Stück Parmesan (ca. 30 g)

Zubereitungszeit
15 Minuten
Garzeit
ca. 20 Minuten

Eine Portion enthält
468 kcal/1957 kJ
21 g Eiweiß
15 g Fett
61 g Kohlenhydrate
9 g Ballaststoffe

Zubereitung

1| Tomatensaft und Gemüsebrühe erhitzen. Sobald die Flüssigkeit kocht, die Nudeln zugeben und nach Packungsanweisung al dente garen.

2| Gemüse waschen, putzen. Tomate halbieren, Strunk entfernen und Tomatenhälften in kleine Würfel schneiden. Aubergine ebenfalls in kleine Würfel schneiden. Champignons halbieren, vierteln, große Pilze noch achteln.

3| Öl erhitzen, die Gemüsestücke darin andünsten, salzen und pfeffern. Etwas Wasser angießen und 5 bis 8 Minuten köcheln lassen.

4| Kräuter waschen, Blättchen abzupfen, trocken schütteln und in schmale Streifen schneiden. Parmesan auf einer Küchenreibe grob raspeln.

5| Das Gemüse unter die gegarten Nudeln mengen, anschließend Kräuter und Parmesan darunter mengen und bei Bedarf nochmal nachwürzen.

Gemüse-Frittata

Lässt sich wunderbar variieren

Zutaten für 2 Portionen

3 mittelgroße Kartoffeln
2 mittelgroße Karotten
½ EL Rapsöl
Salz
Pfeffer
2 Stängel Petersilie
1 Stück Hartkäse,
30 % Fett i. Tr.
4 Eier
50 ml Milch, 1,5 % Fett
Muskatnuss
½ EL Rapsöl

Zubereitungszeit
15 Minuten
Garzeit
30 Minuten

Eine Portion enthält
365 kcal/1525 kJ
20 g Eiweiß
22 g Fett
22 g Kohlenhydrate
6 g Ballaststoffe

Zubereitung

1| Kartoffeln und Karotten waschen, putzen, schälen und in schmale Scheiben (ca. ½ cm) schneiden. Öl bei niedriger Temperatur sanft erhitzen und die Gemüsescheiben 10 bis 15 Minuten darin andünsten. Das Gemüse sollte hell bleiben, nicht braun und knusprig werden. Am Ende der Garzeit salzen und pfeffern.

2| Backofen auf 180 °C (Ober- und Unterhitze) vorheizen.

3| Petersilie waschen, trocken schütteln, Blättchen abzupfen und fein schneiden. Käse auf einer Küchenreibe grob reiben. Eier und Milch verquirlen, mit Salz, Pfeffer und Muskatnuss würzen. Petersilie und Käseraspel unter die Eiermilch mischen.

4| Öl in einer kleinen, feuerfesten Pfanne (Durchmesser 22 cm) erhitzen, die vorbereiteten Gemüsescheiben darin verteilen und die Eiermilch darübergießen. Kurz stocken lassen und im heißen Backofen etwa 15 Minuten stocken lassen.

Gefüllte Auberginen

Mediterrane Urlaubsgrüße

Zutaten für 2 Portionen

2 kleine Auberginen
3 TL Olivenöl
Salz
1 kleine Zucchini
1 Stück Hartkäse, z. B. Parmesan oder Emmentaler (ca. 50 g)
1 TL Tomatenmark
50 ml Gemüsebrühe
Salz
Pfeffer
Kräuter der Provence
2 Stängel Petersilie

Zubereitungszeit
25 Minuten
Garzeit
ca. 55 Minuten

Eine Portion enthält
242 kcal/1010 kJ
13 g Eiweiß
18 g Fett
8 g Kohlenhydrate
7 g Ballaststoffe

Serviertipp
Genießen Sie zu den überbackenen Auberginen einen knackigen Blattsalat und eine fruchtige Tomatensauce (Rezepte siehe Seite 89).
Ebenfalls sehr lecker schmecken gekochter Reis, Couscous, Bulgur als Füllung in den Auberginen.

Zubereitung

1| Den Backofen auf 180 °C (Ober- und Unterhitze) vorheizen.

2| Auberginen waschen, putzen, der Länge nach halbieren und das Fruchtfleisch mit einem kleinen Messer rautenförmig einschneiden, ohne die Schale zu verletzen. Die Schnittflächen mit 2 TL Öl einpinseln und mit Salz bestreuen. Die Auberginen etwa 25 Minuten im heißen Ofen garen.

3| Zucchini waschen, putzen und in etwa 2 x 2 cm große Würfel schneiden. Käse auf einer Küchenreibe grob raspeln und zur Seite stellen.

4| Das Auberginenfruchtfleisch mit einem Löffel aus der Schale lösen, dabei einen Rand von etwa 1 cm stehen lassen. Fruchtfleisch grob würfeln.

5| 1 TL Öl erhitzen und die Zucchiniwürfeln darin andünsten. Tomatenmark zugeben und kurz mitdünsten, mit Gemüsebrühe ablöschen und mit Salz, Pfeffer und Kräutern kräftig abschmecken. Nach etwa 5 Minuten Garzeit das Auberginenfruchtfleisch zugeben und untermengen. Die Masse in die Auberginen füllen und mit dem Käse bestreuen. In einer feuerfesten Auflaufform im heißen Backofen 25 Minuten backen.

6| Petersilie waschen, Blättchen abzupfen und fein hacken, über die überbackenen Auberginen streuen.

Gebratene Gemüsenudeln

Ideal für Kocheinsteiger

Zutaten für 2 Portionen

100 g Reisnudeln
Salz
250 g Brokkoli, TK
1 mittelgroße Karotte
1 kleine Zucchini
2 Stängel Koriander
½ EL Sojaöl
1 Ei
2 EL Sojasauce
Pfeffer
Kurkuma
Zitronengras (gemahlen)

Zubereitungszeit
10 Minuten
Einweichzeit
ca. 30 Minuten
Garzeit
ca. 8 Minuten

Eine Portion enthält
406 kcal/1696 kJ
18 g Eiweiß
17 g Fett
44 g Kohlenhydrate
10 g Ballaststoffe

Zubereitung

1| Reisnudeln in einer Schüssel mit warmem Salzwasser 30 Minuten einweichen. Danach gut abtropfen lassen. Brokkoli auftauen lassen und in mundgerechte Röschen zerkleinern. Karotte und Zucchini waschen, abtrocknen, putzen, Karotte schälen und beide Gemüsesorten in schmale Streifen schneiden. Koriander waschen, trocken schütteln, Blättchen abzupfen und fein hacken.

2| Die Hälfte des Öls erhitzen. Die Gemüsestreifen und die Brokkoliröschen darin unter ständigem Rühren 3 bis 5 Minuten andünsten. Gemüse herausnehmen und zur Seite stellen.

3| Das restliche Öl in die Pfanne geben, das Ei hineinschlagen und in 1 Minute zum Spiegelei braten. Die Nudeln zugeben und mit dem Ei vermischen, Gemüse und Sojasauce zugeben, verrühren und mit den Gewürzen abschmecken.

Gemüsebulgur

Querbeet durch den Gemüsegarten

Zutaten für 2 Portionen

300 ml Gemüsebrühe
100 g Bulgur
1 EL Tomatenmark
Salz
Pfeffer
300 g Blattspinat
1 kleine Fenchelknolle (ca. 150 g)
200 g Brokkoli
1 TL Olivenöl
Muskatnuss
2 EL Frischkäse, fettreduziert
1 Stück Parmesan (ca. 30 g)

Zubereitungszeit
20 Minuten
Garzeit
ca. 18 Minuten

Eine Portion enthält
450 kcal/1879 kJ
27 g Eiweiß
18 g Fett
44 g Kohlenhydrate
13 g Ballaststoffe

Zubereitung

1| 200 ml Gemüsebrühe zum Kochen bringen, Bulgur und Tomatenmark zugeben, salzen, pfeffern. Gut verrühren, die Temperatur zurückschalten und ungefähr 7 Minuten quellen lassen, bis die Gemüsebrühe aufgesogen wurde.

2| Spinat waschen, verlesen und in schmale Streifen schneiden. Fenchel waschen, halbieren, den Strunk herausschneiden und die Fenchelhälften in schmale Spalten schneiden. Brokkoli waschen, putzen und in mundgerechte Röschen zerteilen.

3| Öl erhitzen, Fenchelspalten und Brokkoliröschen darin andünsten, etwa 3 Minuten köcheln lassen und mit den restlichen 100 ml Gemüsebrühe ablöschen. Gemüse 3 bis 5 Minuten garen, Spinatstreifen zugeben, Deckel auflegen und Spinat zusammenfallen lassen. Gemüse mit Salz, Pfeffer und Muskatnuss würzen. Frischkäse zugeben und unter Rühren schmelzen lassen.

4| Parmesan auf einer Küchenreibe grob reiben und unter den gegarten Bulgur rühren. Mit dem Gemüse mischen und gleich servieren.

Nudel-Gemüse-Nester

Ideale Resteverwertung

Zutaten für 2 Portionen

1 mittelgroße Karotte
1 mittelgroße Zucchini
100 ml Gemüsebrühe
1 Ei
2 EL Frischkäse, fettreduziert
Salz
Pfeffer
Muskatnuss
1 Stück Hartkäse, 30 % Fett i. Tr. (40 g)
100 g gekochte Nudeln, z. B. Spaghetti

Zubereitungszeit
10 Minuten
Garzeit
ca. 25 Minuten

Eine Portion enthält
346 kcal/1447 kJ
20 g Eiweiß
18 g Fett
24 g Kohlenhydrate
7 g Ballaststoffe

Zubereitung

1| Gemüse waschen, putzen, Karotte schälen. Karotte und Zucchini in schmale Streifen schneiden. Gemüsebrühe zum Kochen bringen und die Karottenstreifen darin 3 bis 5 Minuten bissfest garen, Zucchinistreifen zugeben und einmal aufkochen lassen. Gemüsestreifen abseihen, Gemüsewasser auffangen und zur Seite stellen.

2| Ei, Frischkäse und etwas Gemüsewasser verrühren und würzen. Käse auf einem Küchenhobel fein raspeln und unter die Eiermasse rühren.

3| Nudeln und Gemüsestreifen in eine Schüssel geben und Eiermasse darübergießen. Masse mit einer Gabel vermischen und zu Nestern drehen. Nudel-Gemüse-Nester in eine feuerfeste Auflaufform geben, restliche Eiermasse darübergießen und im heißen Ofen etwa 20 Minuten überbacken.

Zucchinipfannkuchen

Ein herrlich schnelles Sommeressen

Zutaten für 2 Portionen

160 g Mehl (80 g Vollkornmehl, z. B. Weizen, 80 g Dinkelmehl Type 630)
2 kleine Eier
300 ml Milch, 1,5 % Fett
Salz
1 mittelgroße Zucchini
2 Stängel Basilikum
1 EL Tomatenmark
1 EL Rapsöl

Zubereitungszeit
10 Minuten
Backzeit
ca. 5–8 Minuten

Eine Portion enthält
473 kcal/1977 kJ
19 g Eiweiß
16 g Fett
61 g Kohlenhydrate
6 g Ballaststoffe

Zubereitung

1| Mehl, Eier, Milch und Salz mit einem Schneebesen zu einem Teig verrühren.

2| Zucchini waschen, putzen und auf einer Gemüsereibe grob raffeln. Basilikum waschen, trocken schütteln, Blättchen abzupfen und in schmale Streifen schneiden. Beides mit Tomatenmark unter den Pfannkuchenteig rühren. Falls der Teig zu fest wird noch etwas Wasser zufügen.

3| Die Hälfte des Öls in einer beschichteten Pfanne erhitzen und die Hälfte des Teigs hineingeben. Anbacken lassen und sobald die Unterseite goldgelb ist, mit einem Pfannenwender umdrehen und fertig backen. Warmstellen und aus dem restlichen Öl und Teig einen weiteren Pfannkuchen herstellen.

Kartoffel-Kürbis-Gratin

Auch als besondere Beilage

Zutaten für 2 Portionen

400 g Kartoffeln
300 g Muskatkürbis
½ TL Rapsöl
Salz
Pfeffer
Muskatnuss
1 Stück Parmesan (ca. 50 g)
2 Zweige Zitronenthymian
75 ml Milch, 1,5 % Fett
1 Ei
½ TL Speisestärke

Zubereitungszeit
20 Minuten
Garzeit
ca. 40 Minuten

Eine Portion enthält
372 kcal/1554 kJ
18 g Eiweiß
16 g Fett
37 g Kohlenhydrate
7 g Ballaststoffe

Zubereitung

1| Den Backofen auf 180 °C (Ober- und Unterhitze) vorheizen.

2| Kartoffeln und Kürbis waschen, schälen, Kürbiskerne und Samenfäden entfernen. Kartoffeln und Kürbis auf einem Gemüsehobel in feine Scheiben hobeln. Eine feuerfeste Auflaufform mit dem Öl einfetten. Die Gemüsescheiben dachziegelartig in die Auflaufform schichten und mit Salz, Pfeffer und Muskatnuss würzen.

3| Parmesan auf einer Küchenreibe fein raspeln. Zitronenthymian waschen, trocken schütteln und die Blättchen fein hacken. Parmesan und Thymian mit Milch, Ei und Stärke in einen Schüttelbecher geben, würzen, Becher verschließen und kräftig schütteln. Eiermilch über die vorbereiteten Gemüsescheiben gießen und im heißen Backofen ungefähr 40 Minuten backen.

Serviertipp
Servieren Sie zum Kartoffel-Kürbis-Gratin einen knackig-bunten Blattsalat.

Risotto mit grünem Spargel

Frühling auf dem Teller

Zutaten für 2 Portionen

300 ml Gemüsebrühe
400 g grüner Spargel
1 EL Olivenöl
120 g Risottoreis, z. B. Arborio
Salz
Pfeffer
2 Stängel Kerbel
1 Stück Parmesan (ca. 50 g)

Zubereitungszeit
10 Minuten
Garzeit
ca. 30 Minuten

Eine Portion enthält
449 kcal/1879 kJ
19 g Eiweiß
18 g Fett
52 g Kohlenhydrate
4 g Ballaststoffe

Zubereitung

1| Gemüsebrühe zum Kochen bringen und zur Seite stellen.

2| Den Spargel waschen, das untere Ende abschneiden und das untere Drittel der Spargelstangen schälen. Spargel in etwa 3 cm schräge Stücke schneiden. 100 ml Salzwasser zum Kochen bringen und den vorbereiteten Spargel 4 bis 5 Minuten darin köcheln lassen. Spargelsud aufbewahren, Spargelstücke zur Seite stellen.

3| Öl erhitzen und den Reis darin glasig andünsten, etwas Gemüsebrühe angießen und unter ständigem Rühren köcheln lassen, bis die Flüssigkeit verdampft ist. Nach und nach die restliche Gemüsebrühe und den Spargelsud zugießen und unter weiterem Rühren das Risotto fertig garen. Mit Salz und Pfeffer abschmecken.

4| Kerbel waschen, Blättchen abzupfen und fein hacken. Parmesan auf einer Küchenreibe fein reiben.

5| Den Spargel, die Kerbelblättchen und den Parmesan vorsichtig unter das Risotto mengen.

Beilagen und Gemüse

Kürbis-Couscous

Aromatisch-orientalisch

Zutaten für 2 Portionen

300 g Hokkaidokürbis
1 Stück Ingwerwurzel (ca. 10 g)
1 EL Sojaöl
1 TL Ahornsirup
½ TL Kurkuma
100 g Couscous
200 ml Gemüsebrühe
½ TL Curry
¼ TL Koriander
Salz
Pfeffer
1 Handvoll Basilikumblätter

Zubereitungszeit
20 Minuten
Garzeit
ca. 30 Minuten

Eine Portion enthält
303 kcal/1268 kJ
8 g Eiweiß
9 g Fett
44 g Kohlenhydrate
7 g Ballaststoffe

Zubereitung

1| Backofen auf 200 °C (Ober- und Unterhitze) vorheizen.
2| Kürbis waschen, Kerne entfernen und Kürbis in etwa 2 x 2 cm große Würfel schneiden.
3| Ingwerwurzel schälen und in feine Würfel schneiden. Öl, Ahornsirup, Kurkuma und Ingwer miteinander verrühren und die Kürbiswürfel damit vermengen. Kürbis in eine feuerfeste Auflaufform geben und im heißen Ofen 25 bis 30 Minuten weich garen.
4| Couscous mit heißer Gemüsebrühe übergießen, Gewürze zugeben und etwa 10 Minuten quellen lassen.
5| Basilikumblätter verlesen, waschen und trocken tupfen.
6| Gegarte Kürbiswürfel vorsichtig unter den Couscous mischen und mit Basilikumblättern garniert servieren.

Küchentipp
Sie können auch andere Kürbissorten für den Couscous benutzen. Dann müssen Sie den Kürbis allerdings vor der Weiterverarbeitung schälen.

Spinatspätzle

Schmecken auch Kindern

Zutaten für 2 Portionen

100 g gehackter Spinat, TK
150 g Weizenmehl, Type 550
2 Eier
50–100 ml kohlensäurehaltiges Mineralwasser
Salz
Muskatnuss

Zubereitungszeit
20 Minuten
Garzeit
ca. 10 Minuten

Eine Portion enthält
354 kcal/1480 kJ
16 g Eiweiß
8 g Fett
54 g Kohlenhydrate
4 g Ballaststoffe

Zubereitung

1| Spinat auftauen lassen. Aus Mehl, Eiern, 50 ml Wasser, Salz und Muskatnuss einen Spätzleteig rühren. Den Spinat gut ausdrücken und unter den Teig rühren. Der Teig sollte nun zähflüssig sein, damit er sich gut durch den Spätzlehobel drücken lässt. Eventuell noch etwas Wasser zugeben, falls der Teig zu fest sein sollte.

2| Reichlich Salzwasser in einem großen Topf zum Kochen bringen und den Spätzleteig portionsweise durch den Spätzlehobel in das kochende Wasser hobeln. Spätzle im offenen Topf rasch aufkochen lassen, bis sie an der Oberfläche schwimmen. Mit einem Schaumlöffel herausnehmen und warm stellen, bis der komplette Teig verarbeitet ist.

Küchentipp
Geben Sie den Spinat in einen kleinen Topf mit wenig Wasser und tauen Sie ihn unter Rühren auf.

Variation
Die Spätzle können Sie auch mit Kräutern grün einfärben. Dazu ein halbes Bund gemischte Kräuter, z. B. Kerbel, Petersilie, waschen, trocken schütteln, fein hacken und auf einem Küchenpapier nochmals gut abtrocknen, dann Kräuter zum Spätzleteig geben.

Serviertipp
Genießen Sie die Spätzle mit Schinkenstreifen garniert.

Kürbis-Kartoffel-Püree

Farbintensives Püree

Zutaten für 2 Portionen

400 g Hokkaidokürbis
3–4 mittelgroße Kartoffeln
100 ml Milch, 1,5 % Fett
1 EL Butter
Salz
Pfeffer
Muskatnuss

Zubereitungszeit
10 Minuten
Garzeit
ca. 30 Minuten

Eine Portion enthält
263 kcal/1099 kJ
7 g Eiweiß
8 g Fett
39 g Kohlenhydrate
9 g Ballaststoffe

Zubereitung

1| Hokkaido waschen, Kerne entfernen und das Kürbisfleisch grob würfeln. Kartoffeln waschen, schälen und ebenfalls grob würfeln. Gemüsewürfel in einen Topf geben und 20 bis 25 Minuten weich garen. Mit einem scharfen Messer eine Garprobe machen. Ist das Gemüse weich, Wasser abgießen.

2| Milch erhitzen, zusammen mit der Butter und dem Gewürzen über das Gemüse geben und mit einem Handrührgerät zu einem cremigen Püree verarbeiten.

Küchentipp
Wer keinen Dämpftopf besitzt, kann das Gemüse auch in wenig kochendem Wasser garen. Falls das Püree zu fest ist, einfach noch etwas heiße Milch hinzufügen.

Polenta mit Cocktailtomaten

Herzhafte Grießschnitten

Zutaten für 2 Portionen

500 ml Wasser
Salz
Muskatnuss
1 EL Butter
125 g Maisgrieß
1 Stück Parmesan (ca. 30 g)
100 g Cocktailtomaten
1 TL Olivenöl

Zubereitungszeit
10 Minuten
Garzeit
ca. 55 Minuten

Eine Portion enthält
374 kcal/1562 kJ
9 g Eiweiß
16 g Fett
48 g Kohlenhydrate
4 g Ballaststoffe

Zubereitung

1| In einem Topf Wasser mit Gewürzen und Butter zum Kochen bringen. Den Maisgrieß einstreuen und mit einem Schneebesen unter ständigem Rühren zu einem dicken Brei einkochen.

2| Parmesan fein reiben und unter den Polentabrei rühren.

3| Tomaten waschen und im heißen Olivenöl kurz anschwenken. Polenta in Streifen schneiden und mit den Tomaten garniert servieren.

Küchentipp
Bei der Zubereitung von Polenta ist das ständige Rühren extrem wichtig, weil Polenta sehr leicht anbrennt.

Tomatenreis

Eine farbige Reisbeilage

Zutaten für 2 Portionen

1 EL Olivenöl
1 EL Tomatenmark
1 Tasse Langkornreis (ca. 70 g)
100 ml Gemüsebrühe
100 ml Tomatensaft
Salz
Pfeffer
Balsamicoessig
2 Stängel Basilikum
2 Zweige Thymian
2 Zweige Oregano

Zubereitungszeit
5 Minuten
Garzeit
ca. 25 Minuten

Eine Portion enthält
217 kcal/907 kJ
4 g Eiweiß
9 g Fett
31 g Kohlenhydrate
1 g Ballaststoffe

Zubereitung

1| Öl in einen kleinen Topf geben, erhitzen, Tomatenmark darin anschwitzen, Reis zugeben und einige Minuten mitdünsten. Mit Gemüsebrühe und Tomatensaft ablöschen, mit Salz, Pfeffer und Essig würzen und etwa 20 Minuten bei niedriger Temperatur köcheln lassen.

2| Krauter waschen, Blättchen abzupfen und fein hacken. Am Ende der Garzeit unter den Reis mengen und abschmecken.

Kartoffel-Kürbis-Gemüse

Preiswerte Gemüsebeilage im Herbst

Zutaten für 2 Portionen

3 mittelgroße Kartoffeln
300 g Hokkaidokürbis
200 ml Gemüsefond, Glas
Salz
Pfeffer
Muskatnuss
2 Stängel Petersilie

Zubereitungszeit
10 Minuten
Garzeit
ca. 10–15 Minuten

Eine Portion enthält
129 kcal/541 kJ
6 g Eiweiß
1 g Fett
24 g Kohlenhydrate
4 g Ballaststoffe

Zubereitung

1| Kartoffeln und Kürbis waschen, Kartoffeln schälen und in etwa 2 cm große Würfel schneiden. Kürbis von den Kernen und Samenwänden befreien und ebenfalls in etwa 2 cm große Würfel schneiden. Petersilie waschen, trocken schütteln, Blättchen abzupfen und fein hacken.

2| Gemüsewürfel in einen mittelgroßen Topf geben, Gemüsefond und 100 ml Wasser zugießen. Bei mittlerer Hitze 10 bis 15 Minuten köcheln lassen. Mit den Gewürzen und der Petersilie abschmecken.

Gesundheitstipp
Diese Beilage ist extrem fettarm und eignet sich auch bei akuten Durchfällen. Ebenso kann der Kürbis auch durch Karotten ersetzt werden.

Ofengemüse

Einfach und knusprig

Zutaten für 2 Portionen

400 g Hokkaidokürbis
3 mittelgroße Kartoffeln
2 kleine Rote-Bete-Knollen, vakuumiert
1 EL Olivenöl
½ TL Ahornsirup
grobes Meersalz
frisch gemahlener schwarzer Pfeffer
2 Zweige Rosmarin

Zubereitungszeit
10 Minuten
Garzeit
30–45 Minuten

Eine Portion enthält
236 kcal/985 kJ
4 g Eiweiß
9 g Fett
33 g Kohlenhydrate
9 g Ballaststoffe

Zubereitung

1| Den Backofen auf 220 °C (Ober- und Unterhitze) vorheizen.

2| Gemüse waschen, Kürbiskerne mit einem Löffel entfernen, Kartoffeln und Rote Bete schälen. Kürbis und Kartoffeln in längliche Schnitze schneiden, Rote Bete halbieren und vierteln.

3| Aus Öl, Ahornsirup und Gewürzen eine Marinade herstellen. Rosmarin waschen, Nadeln abzupfen und grob hacken. Zusammen mit der Marinade über die vorbereiteten Gemüsestücke gießen und gründlich miteinander vermengen.

4| Im heißen Backofen 30 bis 45 Minuten backen.

Küchentipp
Je nach gewünschtem Bräunungsgrad und Knusprigkeit die Gemüsespalten länger oder kürzer im Ofen lassen.

Überbackener Ofenchicorée

Preiswerte Gemüsebeilage

Zutaten für 2 Portionen

4 mittelgroße Chicorée-stauden (ca. 500 g)
150 ml Gemüsefond, Glas
1 Stück Hartkäse, 40 % Fett i. Tr. (ca. 50 g)
1 TL Butter oder Rapsöl
1 TL Vollkornmehl
50 ml Milch, 1,5 % Fett
Pfeffer
Muskatnuss
einige Stängel Petersilie

Zubereitungszeit
10 Minuten
Garzeit
15 Minuten

Eine Portion enthält
180 kcal/751 kJ
14 g Eiweiß
10 g Fett
8 g Kohlenhydrate
3 g Ballaststoffe

Zubereitung

1| Den Backofen auf 200 °C (Ober- und Unterhitze) vorheizen.

2| Chicoréestauden halbieren, putzen und den länglichen Strunk keilförmig herausschneiden. Den Gemüsefond zum Kochen bringen und die vorbereiteten Chicoréestauden darin etwa 3 Minuten blanchieren. Chicoréestauden herausnehmen, vom Gemüsefond 100 ml abmessen und zur Seite stellen.

3| Käse auf einer Küchenreibe raspeln. Butter in einem kleinen Topf zum Schmelzen bringen oder Öl erhitzen, Mehl zugeben und mit einem Schneebesen verrühren, etwas Chicoréesud zugießen und unter ständigem Rühren zu einer Mehlschwitze verarbeiten. Restlichen Gemüsesud und Milch zugießen und etwa 1 Minute sprudelnd kochen lassen. Mit Salz, Pfeffer und Muskatnuss abschmecken.

4| Chicorée in eine feuerfeste Auflaufform geben, Mehlschwitze darübergießen und mit dem geriebenem Käse bestreuen. Im heißen Backofen etwa 10 Minuten überbacken.

5| Petersilie waschen, trocken schütteln und als gesunde Garnitur über den überbackenen Chicorée geben.

Fenchel überbacken

Perfekt zu Fischgerichten

Zutaten für 2 Portionen

2 mittelgroße Fenchelknollen (ca. 500 g)
1 EL Olivenöl
1 EL Zitronensaft
Salz
Pfeffer
1 Stück Hartkäse, z. B. Parmesan (ca. 40 g)

Zubereitungszeit
10 Minuten
Garzeit
15 Minuten

Eine Portion enthält
211 kcal/885 kJ
12 g Eiweiß
16 g Fett
6 g Kohlenhydrate
9 g Ballaststoffe

Zubereitung

1| Backofen auf 200 °C (Ober- und Unterhitze) vorheizen.

2| Fenchelknollen waschen, halbieren, Fenchelgrün entfernen und zur Seite legen, Strunk keilförmig herausschneiden und Fenchel in schmale Scheiben schneiden. Öl in einer beschichteten Pfanne erhitzen, Fenchelscheiben darin andünsten, salzen, pfeffern, mit Zitronensaft ablöschen und ungefähr 4 Minuten garen, bei Bedarf noch etwas Wasser hinzufügen. Parmesan auf einer Küchenreibe grob raspeln. Fenchelgrün fein schneiden.

3| Fenchel in eine feuerfeste Auflaufform geben, nochmal salzen und pfeffern, Fenchelgrün und Käse darüberstreuen und im heißen Ofen 10 Minuten überbacken.

Zucchinigemüse

Eine ideale Beilage zu Fisch oder Fleisch

Zutaten für 2 Portionen

2 mittelgroße Zucchini
italienische Kräuter,
z. B. Basilikum, Thymian,
Majoran
1 EL Olivenöl
1 EL Tomatenmark
100 ml Milch, 1,5 % Fett
Salz
Pfeffer
40 g Parmesan, gerieben

Zubereitungszeit
10 Minuten
Garzeit
ca. 13 Minuten

Eine Portion enthält
225 kcal/942 kJ
12 g Eiweiß
17 g Fett
8 g Kohlenhydrate
2 g Ballaststoffe

Zubereitung

1| Zucchini waschen, putzen und in etwa fingerdicke 4 cm lange Stifte schneiden. Kräuter waschen, trocken schütteln, Blättchen abzupfen und fein hacken.

2| Öl in einer beschichteten Pfanne erhitzen und die Zucchinistifte darin andünsten, Tomatenmark zugeben und einige Minuten mitdünsten. Mit der Milch ablöschen, würzen und 5 bis 8 Minuten köcheln lassen. Ein Drittel der Zucchinimasse aus der Pfanne nehmen und in ein hohes Gefäß geben. Entstandene Kochflüssigkeit zugeben und mit einem Pürierstab cremig pürieren.

3| Zucchinipüree wieder in die Pfanne geben und mit den Zucchinistiften vermengen, Kräuter und Parmesan zugeben und nochmals abschmecken.

Snacks und Vorspeisen

Ziegenkäse-Birnen-Brötchen

Ideal für die Mittagspause

Zutaten für 2 Portionen

2 Vollkornbrötchen
2 EL Ziegenfrischkäse
1 Handvoll Rucolasalat
1 reife Birne
1 TL Zitronensaft

Zubereitungszeit
5 Minuten

Eine Portion enthält
237 kcal/990 kJ
8 g Eiweiß
8 g Fett
35 g Kohlenhydrate
6 g Ballaststoffe

Zubereitung

1| Die Brötchen halbieren und mit dem Ziegenfrischkäse bestreichen.

2| Rucola waschen, eventuell verlesen und in einem Küchentuch abtrocknen. Birne waschen, halbieren, Strunk und Kerngehäuse entfernen. Birnen in dünne Spalten schneiden und mit Zitronensaft beträufeln.

3| Rucola und Birnenspalten auf den Brötchen verteilen.

Gesundheitstipp
Wer Ziegenfrischkäse nicht verträgt oder nicht mag, kann dieses Rezept auch mit Hüttenkäse zubereiten.

Tomaten-Mozzarella-Brötchen

Ein leckerer Sommer-Snack

Zutaten für 2 Portionen

2 Körnerbrötchen
1 EL Kräuterfrischkäse, fettreduziert
2 Tomaten
Salz
Pfeffer
1 Mozzarella, fettreduziert
2 Stängel Basilikum
Balsamico-Creme

Zubereitungszeit
10 Minuten

Eine Portion enthält
321 kcal/1341 kJ
18 g Eiweiß
17 g Fett
23 g Kohlenhydrate
4 g Ballaststoffe

Zubereitung

1| Körnerbrötchen aufschneiden und 2 Hälften mit dem Kräuterfrischkäse bestreichen. Tomaten waschen, abtrocknen, halbieren, den Strunk herausschneiden und die Tomatenhälften in schmale Scheiben schneiden. Auf den mit Frischkäse bestrichenen Brötchenhälften verteilen, salzen und pfeffern.

2| Das zweite Brötchen aufschneiden. Mozzarella in dünne Scheiben schneiden und die Tomaten damit belegen. Basilikum waschen, trocken schütteln und auf den Mozzarellascheiben verteilen.

3| Brötchenhälften mit Balsamico-Creme beträufeln und Mozzarella-Tomaten darauflegen. Gleich genießen.

Tomaten-Mozzarella-Lollis

Für Gäste

Zutaten für 2 Portionen

10 Cocktailtomaten
20 Mozzarella-Minikugeln, fettreduziert
1 EL Olivenöl
1 EL Balsamicoessig
Salz
Pfeffer
2 Stängel Basilikum
kleine Spieße

Zubereitungszeit
10 Minuten

Eine Portion enthält
170 kcal/709 kJ
16 g Eiweiß
11 g Fett
3 g Kohlenhydrate
1 g Ballaststoffe

Zubereitung

1| Tomaten waschen, halbieren, Tomateninneres vorsichtig mit einem kleinen Löffel herauskratzen und in eine Schüssel geben. Mozzarellakugeln abtropfen lassen.

2| Öl, Essig, Salz und Pfeffer in die Schüssel geben und alles miteinander vermengen. Basilikum waschen, trocken schütteln und in schmale Streifen schneiden. Mozzarellakugeln in die Marinade geben und vermengen, ungefähr 30 Minuten marinieren.

3| Je 1 Tomatenhälfte, dann eine Mozzarellakugel und wieder eine Tomatenhälfte aufspießen.

Variante
Sehr schön sehen unterschiedlich farbige Tomaten aus (rot, orange, gelb).

Überbackenes Schinkenbrot

Italienisch angehaucht

Zutaten für 2 Portionen

2 große Scheiben Bauernbrot (à ca. 50 g)
1 EL Tomatenmark
2 Scheiben gekochter Schinken
2 Tomaten
1 Scheibe Schnittkäse, 30 % Fett i. Tr.
frisches Basilikum

Zubereitungszeit
10 Minuten
Backzeit
ca. 5–7 Minuten

Eine Portion enthält
247 kcal/1030 kJ
18 g Eiweiß
7 g Fett
25 g Kohlenhydrate
3 g Ballaststoffe

Zubereitung

1| Den Backofen auf 225 °C (Ober- und Unterhitze) vorheizen.

2| Brotscheiben mit dem Tomatenmark bestreichen und mit dem Schinken belegen. Tomaten waschen, abtrocknen, halbieren, Strunk herausschneiden und die Tomatenhälften in schmale Scheiben schneiden. Tomatenscheiben auf den Schinkenbroten verteilen. Käse in schmale Streifen schneiden und auf den Broten verteilen.

3| Im heißen Ofen 5 bis 7 Minuten überbacken. Die Basilikumblätter waschen und in schmale Streifen schneiden. Die fertigen Brote damit garniert servieren.

Käse-Feigen-Brot

Ein schnell zubereiteter Leckerbissen

Zutaten für 2 Portionen

2 Scheiben Roggenmischbrot (à ca. 50 g)
1 EL Olivenöl
1 Stück milder Schnittkäse, 30 % Fett i. Tr., z. B. Edamer (ca. 60 g)
2 reife Feigen

Zubereitungszeit
5 Minuten
Garzeit
ca. 2 Minuten

Eine Portion enthält
302 kcal/1261 kJ
15 g Eiweiß
15 g Fett
26 g Kohlenhydrate
3 g Ballaststoffe

Zubereitung

1| Öl in einer beschichteten Pfanne erhitzen und die Brote darin knusprig anbraten. Herausnehmen und etwas abkühlen lassen.
2| Schnittkäse in schmale Scheiben schneiden. Feigen waschen und in Spalten schneiden.
3| Brote mit dem Käse belegen und die Feigen darauf verteilen.

Roastbeef-Feigen-Crostinis

Fruchtig-pikant

Zutaten für 2 Portionen

1 Stück Gorgonzola (30 g)
1 EL Frischkäse, fettreduziert
½ Baguette (ca. 150 g)
4 reife, frische Feigen
Kresse
2 Scheiben Roastbeef (ca. 60 g)

Zubereitungszeit
10 Minuten

Eine Portion enthält
342 kcal/1430 kJ
20 g Eiweiß
10 g Fett
44 g Kohlenhydrate
3 g Ballaststoffe

Zubereitung

1| Gorgonzola und Frischkäse in eine kleine Schüssel geben und mit einer Gabel zerdrücken.

2| Baguette der Länge nach halbieren und beide Hälften mit der Gorgonzolamasse bestreichen. Die Feigen waschen, vorsichtig abtrocknen, halbieren und vierteln. Kresse waschen und gut abtropfen lassen. Das Roastbeef auf den Baguettes verteilen, die Feigen und die Kresse darauflegen und gleich servieren.

Italienische Muffins

Schmeckt warm und kalt

Zutaten für 6 Muffins

1 TL Rapsöl
1 mittelgroße Zucchini
6 getrocknete Tomaten, gut abgetropft
2 Eier
2 EL Milch
1 EL Tomatenmark
2 Stängel Basilikum
2 Zweige Thymian
Salz
Pfeffer
1 Stück Parmesan (ca. 25 g)

Zubereitungszeit
15 Minuten
Garzeit
ca. 30 Minuten

Eine Portion enthält
252 kcal/1051 kJ
17 g Eiweiß
15 g Fett
10 g Kohlenhydrate
2 g Ballaststoffe

Zubereitung

1| 6 Mulden eines Muffinblechs mit Öl auspinseln. Zucchini waschen, abtrocknen, putzen und auf einer Küchenreibe grob raspeln. Tomaten in schmale Streifen schneiden.

2| Den Backofen auf 180 °C (Ober- und Unterhitze) vorheizen.

3| Eier aufschlagen und mit Milch und Tomatenmark verquirlen. Kräuter waschen, trocken schütteln, Blättchen abzupfen und fein hacken. Eiermilch mit den Kräutern, Salz und Pfeffer würzen. Parmesan auf einer Küchenreibe fein reiben und zusammen mit dem vorbereiteten Gemüse unter die Eiermilch rühren.

4| Gemüse-Eiermilch in die vorbereiteten Muffinmulden gießen und im heißen Ofen etwa 30 Minuten stocken lassen.

Brotchips

Einfach und trotzdem sehr lecker

Zutaten für 2 Portionen

1 Stück drei Tage altes Brot (ca. 100 g)
2 Zweige Thymian
1 Zweig Rosmarin
1 Stiel Basilikum
1 EL Olivenöl
Meersalz
frisch gemahlener schwarzer Pfeffer

Zubereitungszeit
5 Minuten
Garzeit
ca. 5 Minuten

Eine Portion enthält
182 kcal/762 kJ
4 g Eiweiß
9 g Fett
22 g Kohlenhydrate
3 g Ballaststoffe

Zubereitung

1| Backofen auf 200 °C (Ober- und Unterhitze) vorheizen.

2| Brot mit der Brotschneidemaschine in dünne Scheiben schneiden. Auf ein mit Backpapier ausgelegtes Blech legen.

3| Kräuter waschen, trocken schütteln, Blättchen oder Nadeln abzupfen und fein hacken. Öl mit den Kräutern und den Gewürzen vermengen. Die Brotscheiben damit dünn beträufeln.

4| Brote im heißen Ofen 3 bis 5 Minuten knusprig backen.

Variation
Sehr lecker schmeckt auch geriebener Parmesan in dem Gewürzöl.

Empanadas

Eine spanische Spezialität

Zutaten für 4–6 Stück

Für den Teig
100 g Dinkelmehl, Type 630
½ TL Backpulver
¼ TL Salz
75 g Magerquark
1 kleines Ei
½ EL Olivenöl

Für die Füllung
1 Tomate
1 kleine Zucchini (ca. 100 g)
1 Stück Parmesan (ca. 30 g)
1 TL Olivenöl
100 g Hackfleisch
1 EL Tomatenmark
Salz
Pfeffer
Basilikum
Rosmarin
Oregano

Zubereitungszeit
25 Minuten
Kühlzeit
ca. 20 Minuten
Garzeit
25–30 Minuten

Eine Portion enthält
165 kcal/688 kJ
11 g Eiweiß
7 g Fett
14 g Kohlenhydrate
1 g Ballaststoffe

Zubereitung

1| Aus den Teigzutaten einen geschmeidigen Teig kneten und diesen 20 Minuten in den Kühlschrank stellen.

2| Tomate und Zucchini waschen, abtrocknen, putzen. Tomate halbieren und in kleine Stücke schneiden. Zucchini ebenfalls in kleine Würfel schneiden. Parmesan auf einer Küchenreibe grob raspeln.

3| Öl erhitzen, das Hackfleisch darin krümelig braten, Tomatenmark zugeben und einige Minuten mitbraten. Frische Tomaten und Zucchiniwürfel zugeben und 5 Minuten köcheln lassen. Mit Salz, Pfeffer und Kräutern abschmecken. Den Parmesan unter die Hack-Gemüse-Mischung geben und zur Seite stellen.

4| Den Backofen auf 200 °C (Ober- und Unterhitze) vorheizen.

5| Den Teig auf einer bemehlten Arbeitsfläche ausrollen und mit einem Glas (Durchmesser etwa 10 cm) Kreise ausstechen. Die Hack-Gemüse-Masse als Kleckse auf den Kreisen verteilen, die Kreise zu Halbkreisen zusammenklappen. Die Ränder mit einer Gabel zusammendrücken und auf ein mit Backpapier belegtes Backblech setzen. Teigtaschen mit der Milch bepinseln und im heißen Ofen 15 bis 20 Minuten backen.

Pfannkuchenröllchen mit Schinken-Käse-Füllung

Sehen hübsch aus und schmecken lecker

Zutaten für 2 Portionen

2 geh. EL Dinkelmehl, Type 630
2 geh. EL Weizenvollkornmehl
1 kleines Ei
etwas kohlensäurehaltiges Mineralwasser
2 Stängel Petersilie
Salz
Pfeffer
2 TL Rapsöl
1 Scheibe gekochter Schinken (30 g)
1 Scheibe Schnittkäse, 30 % Fett i. Tr.

Zubereitungszeit
15 Minuten
Kühl- und Quellzeit
40 Minuten
Garzeit
6 Minuten

Eine Portion enthält
291 kcal/1216 kJ
16 g Eiweiß
13 g Fett
26 g Kohlenhydrate
3 g Ballaststoffe

Zubereitung

1| Beide Mehlsorten in eine Schüssel sieben, das Ei zugeben und mit einem Schneebesen so viel Mineralwasser unterrühren, dass ein zäher Pfannkuchenteig entsteht. Petersilie waschen, trocken schütteln, die Blättchen abzupfen und fein hacken. Petersilie, Salz und Pfeffer unter den Pfannkuchenteig rühren, den Teig 10 Minuten quellen lassen.

2| Die Hälfte des Öls in einer großen, beschichteten Pfanne erhitzen und aus der Hälfte des Teigs einen Pfannkuchen backen, Pfannkuchen herausnehmen und zur Seite stellen. Aus dem restlichen Öl und dem übrigen Teig einen weiteren Pfannkuchen backen.

3| Schinken und Käsescheiben halbieren, auf den beiden Pfannkuchen verteilen und aufrollen. Pfannkuchen fest in Klarsichtfolie einwickeln und vollständig abkühlen lassen. Klarsichtfolie vorsichtig entfernen und die Pfannkuchenrollen in schmale Scheiben schneiden.

Kürbispommes aus dem Ofen

Herbsthighlight

Zutaten für 2 Portionen

500 g Hokkaidokürbis
1 EL Olivenöl
frische Kräuter nach Belieben, z. B. Rosmarin, Thymian, Oregano
Salz
Pfeffer

Zubereitungszeit
10 Minuten
Garzeit
ca. 15 Minuten

Eine Portion enthält
122 kcal/510 kJ
1 g Eiweiß
8 g Fett
10 g Kohlenhydrate
5 g Ballaststoffe

Zubereitung

1| Den Backofen auf 180 °C (Ober- und Unterhitze) vorheizen.

2| Kürbis gründlich waschen, Strunk, Kerne und Samenwände entfernen und das Kürbisfleisch in Pommesform schneiden. Kürbispommes in eine Schüssel geben und das Öl darübergeben.

3| Kräuter waschen, trocken schütteln, Nadeln oder Blättchen abzupfen und fein hacken. Zusammen mit dem Salz und dem Pfeffer zu den Kürbispommes geben und gründlich vermengen.

4| Ein Backblech mit Backpapier belegen und die Kürbisstücke darauf verteilen. In der oberen Schiene des Backofens etwa 15 Minuten backen.

Varianten
Sehr lecker schmecken auch Süßkartoffel- oder Karottenpommes. Servieren Sie zu den Gemüsepommes den grünen Dip von Seite 81.

Melonen-Käse-Sticks

Für Gäste

Zutaten für 2 Portionen

1 Stück Wassermelone (ca. 300 g)
80 g Schafskäse, fettreduziert
2 Stängel Minze
kleine Spieße
Balsamicocreme

Zubereitungszeit
10 Minuten

Eine Portion enthält
103 kcal/429 kJ
8 g Eiweiß
4 g Fett
8 g Kohlenhydrate
0 g Ballaststoffe

Zubereitung

Wassermelone schälen und in Würfel schneiden. Schafskäse ebenfalls würfeln. Minze waschen, Blättchen abzupfen und je einen Melonenwürfel mit einem Minzblatt und einem Schafskäsewürfel aufspießen. Mit Balsamicocreme garnieren.

Gesundheitstipp
Wer den salzigen Schafskäse nicht verträgt, kann auch Mozzarella verwenden.

Süße Versuchungen

Himbeereis

Ganz ohne Eismaschine

Zutaten für 2 Portionen

200 g Himbeeren, TK
100 g Naturjoghurt, 1,5 % Fett
2 TL Vanillezucker

Zubereitungszeit
10 Minuten

Eine Portion enthält
77 kcal/322 kJ
3 g Eiweiß
1 g Fett
12 g Kohlenhydrate
7 g Ballaststoffe

Zubereitung

1| Himbeeren ungefähr 5 Minuten antauen lassen. Einige Himbeeren zur Dekoration zur Seite stellen. Restliche Beeren zusammen mit dem Joghurt und dem Zucker in ein hohes Gefäß geben und mit einem Pürierstab cremig pürieren. Bei Bedarf noch etwas Milch hinzufügen.

2| Als Kugeln in 2 Dessertschalen geben und mit den restlichen Himbeeren garniert servieren.

Winterliche Apfelspalten

Herrlich zu Milchreis

Zutaten für 2 Portionen

1 kleine Bio-Zitrone
2 mittelgroße Äpfel
½ Vanilleschote
1 Sternanis
1 EL brauner Zucker

Zubereitungszeit
10 Minuten
Garzeit
ca. 5 Minuten

Eine Portion enthält
108 kcal/453 kJ
1 g Eiweiß
1 g Fett
24 g Kohlenhydrate
3 g Ballaststoffe

Zubereitung

1| Zitrone heiß waschen, abtrocknen und die Schale auf einer Küchenreibe fein abreiben, Zitrone auspressen. Äpfel waschen, schälen, halbieren, Strunk und Kerngehäuse entfernen und die Äpfel in Spalten schneiden. Apfelspalten sofort mit dem Zitronensaft beträufeln. Vanilleschote der Länge nach halbieren und das Mark mit einem scharfen Messerchen herauskratzen.

2| Vorbereitete Äpfel, Zitronensaft und -schale, Vanillemark und -schote, Sternanis und Zucker in einen kleinen Topf geben und bei mittlerer Hitze langsam köcheln lassen. Ggf. noch etwas Wasser zugießen. Nach 3 bis 5 Minuten Garzeit vom Herd nehmen und entweder warm oder kalt servieren.

Bananencreme mit Schokospänen

Schnell gezaubert

Zutaten für 2 Portionen

2 Bananen
1 EL Zitronensaft
1 Pck. Magerquark (250 g)
1 Schuss Milch, 1,5 % Fett
1 Riegel Blockschokolade

Zubereitungszeit
10 Minuten

Eine Portion enthält
246 kcal/1029 kJ
19 g Eiweiß
4 g Fett
32 g Kohlenhydrate
3 g Ballaststoffe

Zubereitung

1| Bananen schälen, mit dem Zitronensaft in eine Schüssel geben und mit einer Gabel zu Mus zerdrücken. Quark und Milch mit einem Schneebesen verrühren. Schokolade mit einem Gemüseschäler zu Spänen hobeln.

2| Das Bananenmus unter die Quarkcreme rühren und in 2 hohe Dessertgläser geben. Die Schokospäne als Garnitur darauf verteilen.

Küchentipp
Blockschokolade lässt sich besser hobeln, wenn sie vor dem Hobeln für einige Stunden im Kühlschrank gekühlt wurde.

Rhabarberkompott mit Vanillequark

Ein erfrischendes Dessert

Zutaten für 2 Portionen

300 g Rhabarber
1 geh. EL brauner Zucker
100 ml Apfelsaft
1 Pck. Magerquark (250 g)
1 Schuss Milch
1 EL Honig
½ Vanilleschote

Zubereitungszeit
10 Minuten
Garzeit
ca. 5 Minuten

Eine Portion enthält
234 kcal/978 kJ
18 g Eiweiß
1 g Fett
35 g Kohlenhydrate
3 g Ballaststoffe

Zubereitung

1| Rhabarber waschen, putzen, schälen und in etwa 2 cm dicke Stücke schneiden. Zusammen mit Zucker und Apfelsaft in einen kleinen Topf geben und zum Kochen bringen. Bei mittlerer Hitze ungefähr 5 Minuten köcheln lassen, bis der Rhabarber weich ist. Kompott abkühlen lassen.

2| Quark mit Milch und Honig glatt rühren. Vanilleschote der Länge nach aufschneiden, das Mark herauskratzen und unter den Quark rühren. Zusammen mit dem abgekühlten Rhabarberkompott in 2 hohe Gläser schichten und servieren.

Erdbeeren mit Vanillepudding

Das ist Frühsommer pur!

Zutaten für 2 Portionen

250 ml Milch, 1,5 % Fett
½ Päckchen Vanillepudding
1½ EL Zucker
300 g Erdbeeren
2 Stängel Zitronenmelisse
1 EL roter Fruchtsaft

Zubereitungszeit
10 Minuten
Garzeit
ca. 5 Minuten

Eine Portion enthält
196 kcal/819 kJ
6 g Eiweiß
3 g Fett
36 g Kohlenhydrate
3 g Ballaststoffe

Zubereitung

1| 3 Esslöffel Milch in einen Schüttelbecher geben, restliche Milch in einen kleinen Topf geben und zum Kochen bringen. Puddingpulver und Zucker zu der Milch in den Schüttelbecher geben, verschließen und kräftig durchschütteln. Sobald die Milch kocht, das durchgeschüttelte Puddingpulver unter Rühren zugeben und 1 Minute sprudelnd kochen lassen. Pudding in 2 kleine Dessertschalen füllen und abkühlen lassen.

2| Erdbeeren waschen, putzen und abtropfen lassen. Beeren halbieren und vierteln. Melisse waschen, trocken schütteln, Blättchen abzupfen und fein hacken. Minze und Fruchtsaft mit den Beeren vermengen und mit dem abgekühlten Pudding servieren.

Melonenherzen

Für die Gartenparty oder den Kindergeburtstag

Zutaten für 2 Portionen

1 Stück Wassermelone (ca. 500 g)
1 Handvoll Heidelbeeren (ca. 100 g)
Plätzchenausstecher in Herzform
Schaschlikspieße

Zubereitungszeit
10 Minuten

Eine Portion enthält
109 kcal/456 kJ
2 g Eiweiß
1 g Fett
23 g Kohlenhydrate
3 g Ballaststoffe

Zubereitung

1| Wassermelone entkernen und schälen. Heidelbeeren waschen und gut abtropfen lassen.

2| Melone in etwa 2 cm dicke Scheiben schneiden, mit einem Plätzchenausstecher Melonenherzen ausstechen. Einige Heidelbeeren auf einen Schaschlikspieß stecken und das Melonenherz mit der Spitze nach unten obenauf setzen.

Serviertipp
Sehr hübsch sehen auch Melonensterne aus.

Johannisbeer-Baiser-Kuchen

Ein Sommerkuchen

Zutaten für 1 Blech (ca. 30 Stücke)

750 g Johannisbeeren
7 Eier
etwas Fett zum Fetten des Backblechs
200 g weiche Butter oder Diätmargarine
250 g Zucker
2 geh. EL Vanillezucker
2 Prisen Salz
300 g Weizenmehl, Type 550
60 g Stärke
1 Pck. Backpulver
150 ml Milch, 1,5 % Fett

Zubereitungszeit
25 Minuten
Backzeit
ca. 35–40 Minuten

Ein Stück enthält
167 kcal/696 kJ
3 g Eiweiß
7 g Fett
21 g Kohlenhydrate
2 g Ballaststoffe

Zubereitung

1| Johannisbeeren waschen, vorsichtig abtrocknen und mit einer Gabel die Beeren von den Stielen streifen. 4 Eier trennen, das Eiweiß kalt stellen.

2| Ein Backblech fetten. Den Backofen auf 180 °C (Ober- und Unterhitze) vorheizen.

3| Butter, 100 g Zucker, Vanillezucker und 1 Prise Salz mit den Quirlen des Handrührgeräts mindestens 8 Minuten schaumig schlagen. Nach und nach das Eigelb und 3 ganze Eier zugeben und pro Ei mindestens 30 Sekunden unterrühren.

4| Mehl, Stärke und Backpulver mischen und abwechselnd mit der Milch unter die Butter-Eier-Masse rühren. Den Teig gleichmäßig auf dem Blech verteilen. Zwei Drittel der Beeren auf dem Teig verteilen und im heißen Ofen 20 Minuten backen.

5| Das Eiweiß mit 1 Prise Salz und dem übrigen Zucker steif schlagen. Restliche Beeren vorsichtig unterheben und auf dem vorgebackenen Kuchen locker verteilen. Kuchen für weitere 15 bis 20 Minuten im Ofen backen.

Apfeltarte

Im Herbst ein absolutes Muss

Zutaten für 12 Stücke

Für den Teig
60 g kalte Butter
40 g Magerquark
70 g Puderzucker
1 Prise Salz
1 Ei
200 g Mehl
2 EL gem. Mandeln

Für die Füllung
500 g Äpfel
2 EL Zitronensaft
2 EL Butter
50 g Zucker
1 TL gem. Zimt
1 Pck. Magerquark (250 g)
5 EL Apfelmus
1 Ei

Zubereitungszeit
45 Minuten
Kühlzeit
1½ Stunden
Backzeit
ca. 54 Minuten

Ein Stück enthält
226 kcal/943 kJ
7 g Eiweiß
9 g Fett
29 g Kohlenhydrate
2 g Ballaststoffe

Zubereitung

1| Butter, Quark, Zucker und Salz in eine Schüssel geben und mit den Knethaken des Handrührgeräts verrühren, bis eine geschmeidige Masse entsteht. Das Ei zugeben und unterarbeiten. Das Mehl sieben und zusammen mit den Mandeln zu einem geschmeidigen Teig verarbeiten. Ist der Teig zu brüchig, 1 Esslöffel kaltes Wasser zugeben. Den Teig zu einer Kugel formen, in Klarsichtfolie einwickeln und 1 Stunde in den Kühlschrank legen.

2| Eine Springform (Durchmesser 26 cm) gut einfetten. Den Teig auf einer bemehlten Arbeitsfläche ausrollen, die Teigplatte sollte etwa 0,5 cm dick und etwas größer als die Kuchenform sein. Stellen Sie nun den Boden der Kuchenform auf die Teigplatte und schneiden Sie ihn rundherum aus. Stellen Sie die Kuchenform zur Seite und lösen Sie den Teig vorsichtig mit einem langen Messer von der Arbeitsfläche und legen ihn in die Kuchenform, bei Bedarf nochmals mit den Fingern in die Form drücken. Für den Rand formen Sie aus dem verbliebenen Teig eine lange Rolle und legen sie ringsum in die Kuchenform. Daraus können Sie nun einen gleichmäßigen Rand formen. Stellen Sie den vorbereiteten Teig nun für 30 Minuten in den Kühlschrank, damit sich die einzelnen Zutaten besser verbinden.

3| Den Backofen auf 175 °C (Ober- und Unterhitze) vorheizen. Schneiden Sie ein Backpapier in der Größe der Kuchenform zu. Nach der Kühlzeit legen Sie das Backpapier in die Kuchenform und geben getrocknete Erbsen oder andere getrockneten Hülsenfrüchte darauf. Schieben Sie den tiefgekühlten Boden auf der mittleren Schiene in den vorgeheizten Backofen und backen den Teig 14 Minuten vor. (Das nennt man „blind backen".)

4| In der Zwischenzeit waschen, schälen und putzen Sie die Äpfel und schneiden Sie in schmale Spalten. Beträufeln Sie die Äpfel mit Zitronensaft. Lassen Sie die Butter in einer Pfanne schmelzen und verrühren Sie Zucker und Zimt mit der Butter. Apfelspalten hinzufügen und bei geringer Hitze etwa 5 Minuten dünsten.

5| Quark, Apfelmus und Ei miteinander verrühren.

6| Die Erbsen mit einem großen Löffel aus der Form entfernen, das Backpapier herausnehmen und die Quarkmasse auf dem Tarteboden verteilen. Die vorbereiteten Apfelspalten auf dem Quark verteilen und im heißen Ofen (Temperatur auf 150 °C reduzieren) etwa 40 Minuten auf der mittleren Schiene backen.

Käsekuchen

Ein Klassiker auf der Kuchentafel

Zutaten für 16 Stücke

Für den Mürbteig
300 g Dinkelmehl, Type 630
60 g Puderzucker
150 g Butter oder Diätmargarine
1 Ei
1 Prise Salz
1 EL Vanillezucker
2–3 EL kaltes Wasser

Für die Käsemasse
200 g Butter oder Diätmargarine
6 Eier
1 Prise Salz
1 Bio-Zitrone
150 g Zucker
4 Pck. Magerquark (1 kg)
115 g Dinkelmehl, Type 630
1 gestr. EL Stärke
1 TL Backpulver
Mark einer Vanilleschote

Zubereitungszeit
30 Minuten
Backzeit
65–70 Minuten

Ein Stück enthält
396 kcal/1656 kJ
15 g Eiweiß
22 g Fett
36 g Kohlenhydrate
1 g Ballaststoffe

Zubereitung

1| Alle Zutaten des Mürbteigs in eine Schüssel geben und mit den Händen rasch zu einem geschmeidigen Teig verkneten. Eine Springform (Durchmesser 26 cm) fetten. Die Arbeitsfläche mit etwas Mehl bestäuben und den Teig ausrollen, den Boden der Springform mit dem Teig auskleiden und den Rand nach oben ziehen. Den Boden mit einer Gabel mehrmals einstechen und die Kuchenform in den Kühlschrank stellen.

2| Den Backofen auf 160 °C (Ober- und Unterhitze) vorheizen.

3| Für die Käsemasse das Fett zerlassen und abkühlen lassen. Die Eier trennen. Eiweiß und Salz mit dem Handrührgerät zu steifem Schnee schlagen.

4| Die Zitrone heiß waschen, abtrocknen, die Schale abreiben, die Zitrone halbieren und die Hälften auspressen.

5| Eigelb und geschmolzenes Fett in einer Schüssel mit dem Handrührgerät verrühren, Zitronenschale, -saft, Zucker und Quark zugeben und verrühren. Mehl, Stärke und Backpulver in ein Sieb geben und über die Quarkmasse sieben, das Vanillemark zugeben und mit dem Handrührgerät verrühren. Den Eischnee zugeben und mit einem Schneebesen vorsichtig unterheben.

6| Die Quarkmasse in die vorbereitete Springform geben, die Springform 6 bis 7 Mal kräftig auf die Arbeitsfläche klopfen und im heißen Ofen 65 bis 70 Minuten backen.

7| Den Kuchen am Ende der Backzeit auskühlen lassen, vor dem Servieren noch 2 Stunden in den Kühlschrank stellen.

Beeren-Crumble

Eine schnell gemachte Süßspeise

Zutaten für 2 Portionen

300 g gemischte Beeren, TK oder frisch
½ Vanilleschote
1 EL roter Fruchtsaft, z. B. Johannisbeere
1 TL Stärke
2 geh. EL Haferflocken
2 geh. EL Dinkelmehl, Type 630
1½ geh. EL brauner Zucker
2 geh. EL Butter oder Diätmargarine
1 Prise Salz

Zubereitungszeit
10 Minuten
Back- und Garzeit
ca. 30 Minuten

Ein Stück enthält
455 kcal/1912 kJ
6 g Eiweiß
19 g Fett
62 g Kohlenhydrate
12 g Ballaststoffe

Zubereitung

1| Backofen auf 180 °C (Ober- und Unterhitze) vorheizen.

2| Beeren auftauen lassen oder frische Beeren vorsichtig waschen und putzen. In einen kleinen Topf geben, Vanilleschote der Länge nach aufschneiden, das Mark herauskratzen und zusammen mit der Schote und dem Fruchtsaft zu den Beeren geben. Stärke mit etwas kaltem Wasser glatt rühren, Beeren aufkochen lassen und unter Rühren mit der angerührten Stärke binden. Beeren in eine Auflaufform geben.

3| Aus Haferflocken, Mehl, Zucker, Fett und Salz Streusel herstellen und über die Beeren verteilen. Im heißen Ofen etwa 30 Minuten backen.

Variation
Der Crumble lässt sich auch herrlich weihnachtlich gestalten. Geben Sie dafür in die Streuselmasse etwas Lebkuchen- oder Spekulatiusgewürz oder ersetzen Sie die Haferflocken durch 3 bis 4 zerkrümelte Gewürzspekulatius.

Zimtschnecken

Fix gemacht

Zutaten für etwa 20 Stück

Für den Teig
1 Pck. Magerquark (250 g)
75 ml Milch, 1,5 % Fett
75 ml Rapsöl
2 EL Vanillezucker
50 g Zucker
½ TL Zimt
500 g Dinkelmehl, Type 630
3 TL Backpulver

Zum Bestreichen
50 g Butter oder Diätmargarine
2 geh. EL Zucker
1 geh. TL Zimt
2 EL Milch, 1,5 % Fett

Zubereitungszeit
15 Minuten
Backzeit
10–15 Minuten

Eine Schnecke enthält
171 kcal/713 kJ
4 g Eiweiß
6 g Fett
24 g Kohlenhydrate
1 g Ballaststoffe

Zubereitung

1| Quark, Milch, Öl, Vanillezucker, Zucker und Zimt mit einem Schneebesen gründlich verrühren. Mehl und Backpulver mischen und unter die Quarkmasse mengen. Einen geschmeidigen Teig kneten und auf einer mit Mehl bestäubten Arbeitsfläche (ca. 40 x 30 cm) ausrollen.

2| Den Backofen auf 160 °C (Ober- und Unterhitze) vorheizen.

3| Butter oder Diätmargarine schmelzen und die Teigplatte damit bestreichen. Zucker und Zimt vermengen und auf der Teigplatte verteilen. Von der langen Seite her aufrollen, mit der Milch bestreichen und mit einem scharfen Messer etwa 1,5 cm dicke Scheiben schneiden. Ein Backblech mit Backpapier belegen und die Schnecken darauf legen.

4| Im heißen Ofen 10 bis 15 Minuten backen.

Rezeptregister

Frühstück

Getränke und Smoothies

Salate

Dips, Dressings und Saucen

Suppen und Eintöpfe

Hauptgerichte

Fisch

Fleisch

Vegetarisch

Beilagen und Gemüse

Snacks und Vorspeisen

Süße Versuchung